JN042099

ひとり
暮らしでも
大丈夫!

自分で自分の介護をする本

介護ジャーナリスト 小山朝子

河出書房新社

最期まで自宅で暮らしたいと願うあなたへ――はじめに

「自分で自分の介護をする本」という本書のタイトルを見て、身をよじりながら自分をお世話をしている自分の姿をイメージした人もいるかもしれません。

「介護」と聞いて多くの人が思い浮かべるのは「介助」という言葉で表現される行為で、具体的には食事・入浴・排泄《はいせつ》など日常の動作の手助けをすることを指します。

一方、**「介護」はその人が望む生活を送るための支援であり、その実現に至るまでの過程も含みます。**

かれこれ20年以上前になりますが、当時私は、認知症でひとり暮らしを続けている男性の取材をしていました。長いあいだ、自分の住む町で洋服の仕立て屋さんを営んでいたとのことで、ご自宅を訪れると洋服などが所狭しと散乱し、部屋の片隅には古い足踏みミシンがありました。

私と出会ったとき、すでに日常会話がままならない状態でしたが、彼は元気だった頃から「自分はタバコを吸いながら死ぬまでここで暮らしたい！」という主張を繰り返していたため、介護サービスを提供するスタッフや近所の方々が、火事を起こさないようにと交代で見守りをしていました。

ご近所の方によるこの「介護」のかたちは、ずっと私の心に残り、自分の望みを常々口にすることで、彼もまた「自分で自分の介護」をしていたのだと、いまになって考えるようになりました。

本書は**「最期まで自宅で暮らしたい」という自らの希望を実現しようとしている人に向けて、介護保険のサービスの内容から死後の事務手続きに至るまで6つのパートから成る構成で情報を紹介**しています。

約10年にわたる筆者の在宅介護の経験や、長年介護の現場を取材して知り得たことも随所に取り入れ、実情をふまえた内容になるよう心がけました。パート4では女性特有の症状について触れていますが、全体的に性別を問わずお読みいただける内容で、関心がある章からページをめくっていただけるつくりにしています。

独身者や結婚しても子どもを産まない夫婦、さらに子どもがいる場合でも「別に暮らす」という選択をする人など多様な家族のかたちや柔軟な考え方が受け入れられる時代になってきました。

介護が必要な人を社会で支えるという理念のもとでスタートした介護保険制度も早いもので創設から20年以上が経過し、財源の確保が重視されるなか、自らで自らを護《まも》り、必要な「助け」を自由に活用していく意識が求められる時代になってきたのではないかと感じます。

こうした変化を受けて、本書ではテクノロジーの情報や終末期医療のあり方など、幅広い内容を盛り込んでいます。介護に決まった型はありません。

介護が必要な人のお世話をする介護人材の不足が2025年問題（団塊《だんかい》世代が75歳以上の後期高齢者となることで引き起こされるさまざまな問題のこと）の1つとして指摘されています。「自分で自分の介護をする」という考え方は、この問題を別の角度から捉えるきっかけにもなるのではないでしょうか。

人生の最終段階を自分らしく過ごしたいと願う人にとって、本書がその一助になればうれしく思います。

小山朝子

ひとり暮らしでも大丈夫！自分で自分の介護をする本　目次

Part2 退院後でも安心 心強い在宅医療サービス

Part3 もの忘れや認知症…自力でここまで対応できる

Part4 介護いらずの心と体を自分で保つ知恵

Part5 自宅を安心安全の空間にする工夫

カバーデザイン◉こやまたかこ
カバーイラスト◉サノマキコ
本文イラスト◉青木宣人
協力◉NEO企画

Prologue

ひとり老後が不安なのはあなただけじゃない!

ひとり暮らしの高齢者はこんなに増えている

70代の私の母は都内でひとり暮らしをしています。心身の不安は近所の主治医に相談しながら、寝起きや食事も自分に合った時間に設定し、生きがいとしている創作活動を続け、多くの友人に囲まれた彼女の生活は、充実しているように見えます。

２０２０年の国勢調査によると、ひとり暮らしが世帯全体の38・1%を占め、単身高齢者は5年前の前回調査に比べ13・３%増の６７1万６８０６人に増えました。**65歳以上のひとり暮らし世帯が増加しており、高齢者5人のうち1人がひとり暮らしとなっています。**

今後はとくに首都圏をはじめとする都心部において高齢者が急増する見通しです。ひとり暮らしの人が増加している理由は、配偶者との死別で独居になった女性の存在や、未婚化による独身者の増加、高齢の親と子の同居率の低下なども影響しているでしょう。

ひとり暮らしの高齢者に取材をすると「子どもからの同居の誘いを断った」という答えが意外とあり、驚かされます。私も母を気遣い、「実家に遊びにいく」と電話で伝えると「いま自分のことで忙しいから」と素っ気ない対応をされることがしばしばあります。

増える単身高齢者

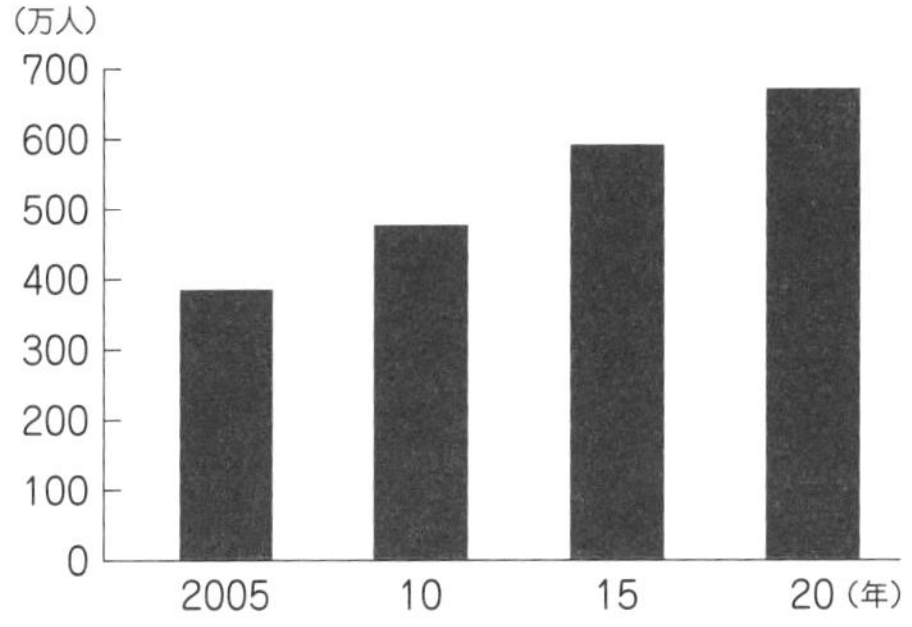

参考：2020年「国勢調査」、「日本経済新聞」電子版2021年12月1日

子どもとの同居を希望するか？

（60～64歳の場合）

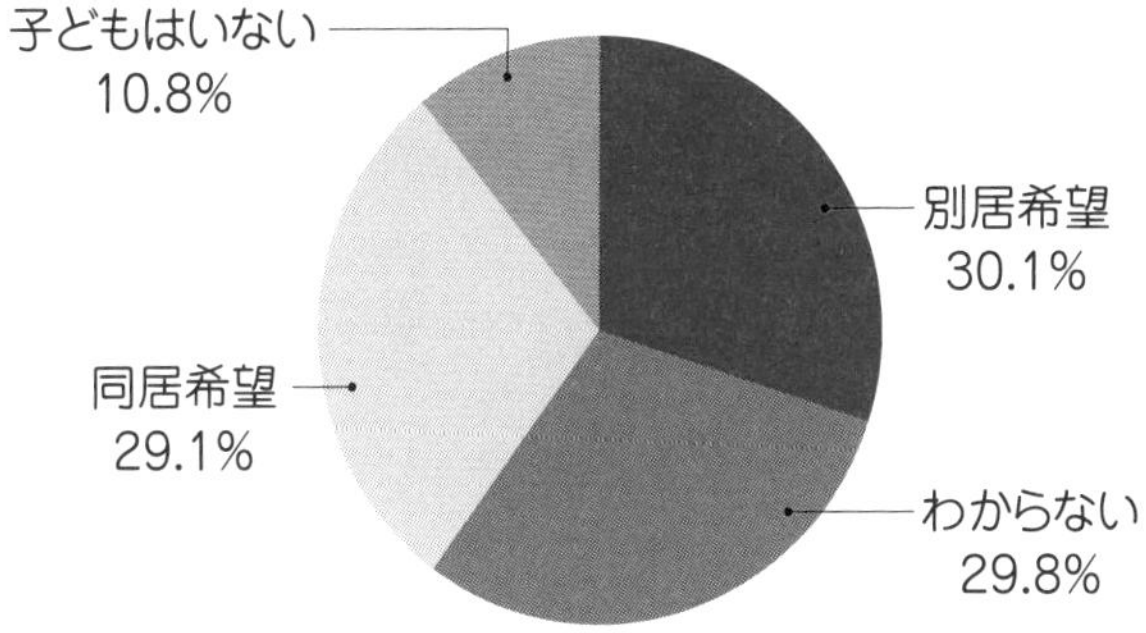

参考：内閣府「2010（平成22）年度・高齢者の住宅と生活環境に関する意識調査結果」

大切なのは「いつか、ひとりになる」と覚悟を決めること

老後の頼れる存在として子どもに期待しても、希望どおりにいかなかったという話を耳にします。また、長年連れ添ったパートナーに先立たれ、ひとりの生活に不安を感じる人もいるでしょう。**大切なのは「いつか、ひとりになる」と覚悟を決めること。そうすれば子どもへの期待が裏切られても落ち込むことはありません。**

いまの時代、独身、子どもなしという人生を自ら選択する人も増えています。この背景には、共働きでも収入が安定しない、働く女性が増えたといった社会的な変化はもちろん、「条件に合う結婚相手がなかなか見つからない」、「自由な時間を大切にしたい」といった個人的な理由もあるでしょう。

国立社会保障・人口問題研究所が公表した2020年の生涯未婚率（50歳の時点で一度も結婚したことがない人の割合）は、男性が28・25％、女性が17・81％に達しています。現在ひとり暮らしでも、家族と同居していても、多かれ少なかれ将来に不安がある点は、共通しているのではないでしょうか。

積極的に結婚したいと思わない理由

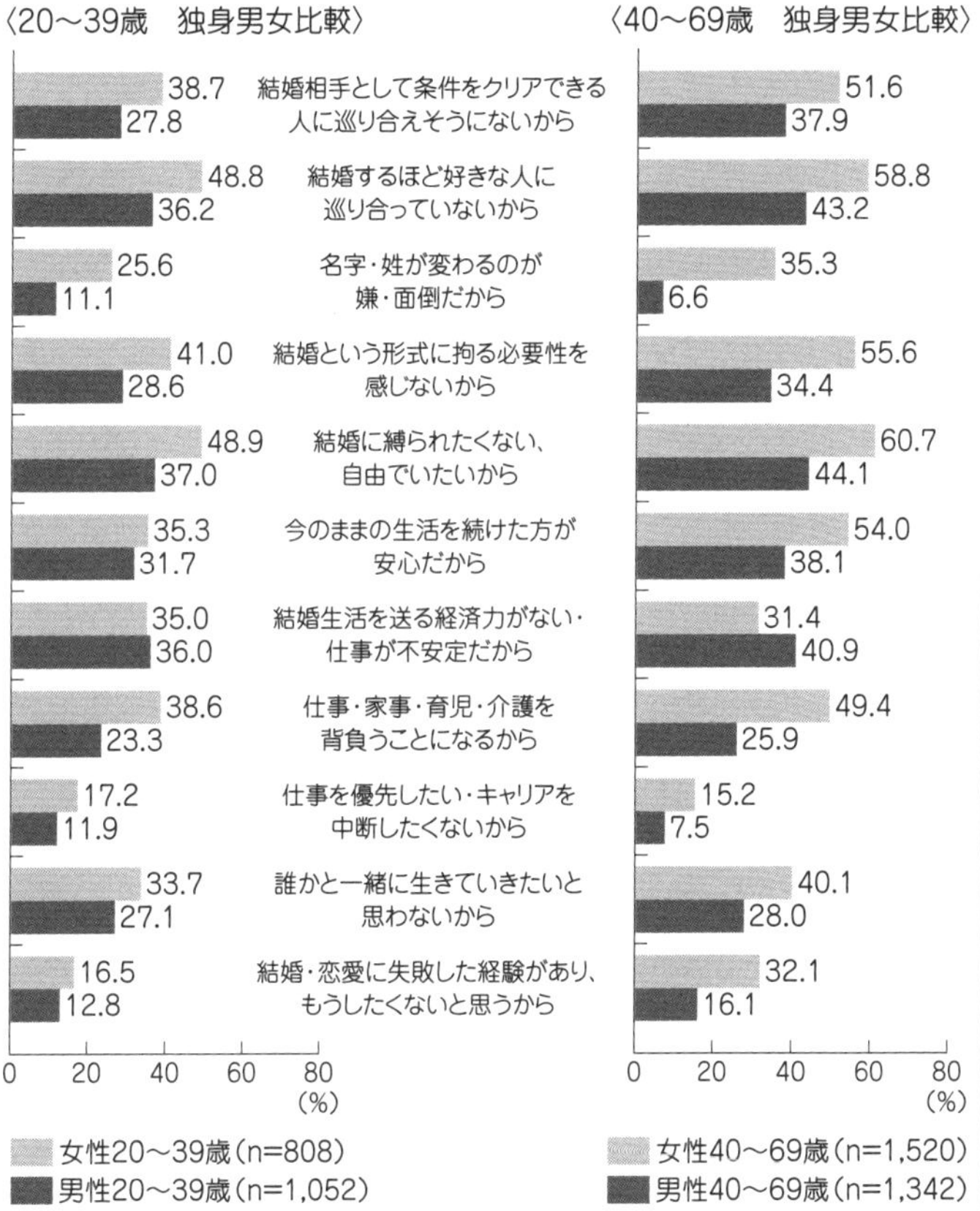

（備考）1.「令和3年度 人生100年時代における結婚・仕事・収入に関する調査」（令和3年度内閣府委託調査）より作成
2.「当てはまる」「やや当てはまる」の累計値を掲載

出典：「令和4年版 男女共同参画白書」

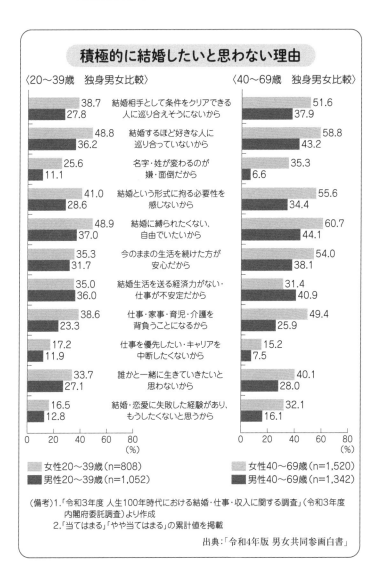

結婚しても「子どもをもたない」という選択

子どもがいない女性が増えたと感じます。この感覚は調査でも実証済みで、経済協力開発機構（ＯＥＣＤ）のデータベースによると１９７０年に生まれた女性の50歳時点での子どもがいない割合は27％（２０２０年）。先進国のなかでも日本は最も高い割合です。

さらに厚生労働省が発表した２０２２年の人口動態統計によると出生数は77万７４７人で初めて80万人を下回り、女性１人あたりの子どもの数を表す合計特殊出生率も１・２６で過去最低となりました。

昨今の出生数の低下はコロナ禍による婚姻数減少の影響もあるとされていますが、２０１５年までは「結婚したら子を産む派」の割合が高かったのです。しかし、２０１６年以降は結婚した人も子を産まなくなってきたという分析もあります。

欧米を中心に「**チャイルドフリー**」という考え方が注目されています。**子どもを持たない人生を充実したものだと考える人たち**を指す言葉です。これからは多様な価値観に対応したシニア向けのサービスも増えていくかもしれません。

子どもがいない女性の比率（女性の出生年別・50歳時点）

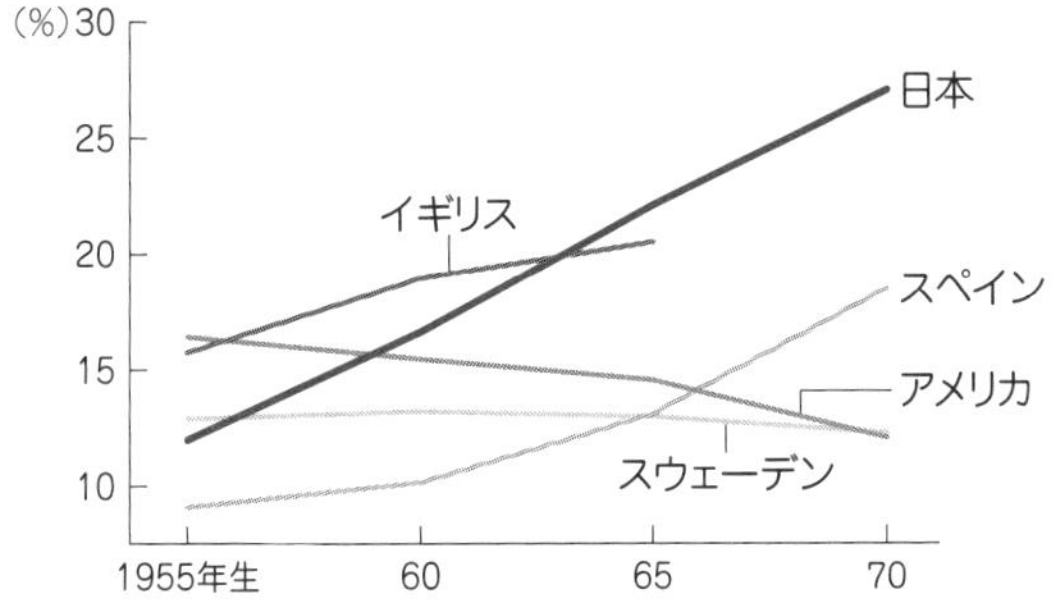

（注）OECDデータベースから取得

参考：「日本経済新聞」電子版　2023年1月12日

子どもが欲しくない理由

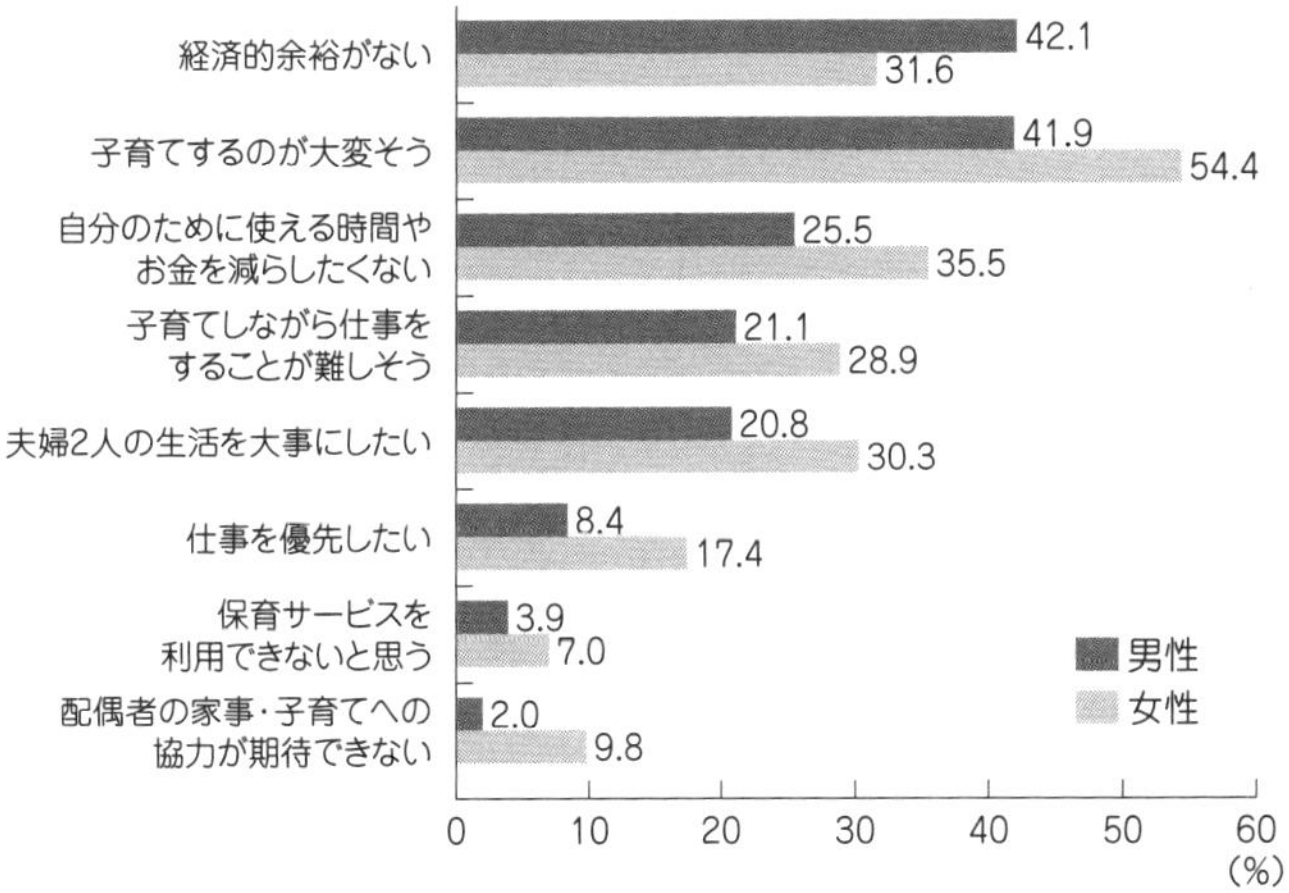

参考：平成27年版厚生労働白書「人口減少社会を考える」

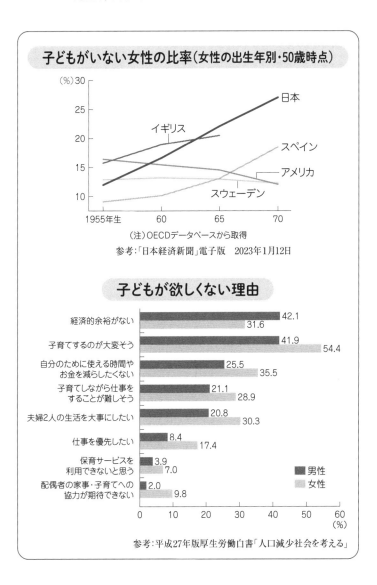

「死亡年齢最頻値」をふまえて老後のひとり暮らしを想定してみる

長年にわたり介護施設などに出向いて取材や調査をしていますが、近年、90代や100歳を超えた女性とお話しすることが珍しいことではなくなってきました。これまでお会いしたなかで印象深いのは、元看護師と元教師だったおふたりです。私がお会いした当時、前者の女性は104歳、後者の女性は102歳で、ともに私の質問にハキハキと応じてくださったのを覚えています。

ところで、みなさんは「**死亡年齢最頻値**《さいひんち》」という言葉を聞いたことはあるでしょうか。厚生労働省の簡易生命表データのなかで「**最も死亡者数が多かった年齢**」のことで、2020年の死亡年齢最頻値は、**男性88歳、女性93歳**になっています。一方、平均寿命とは0歳時点での平均余命のこと。この数値のなかには若くして亡くなる人も含まれているため、「死亡年齢最頻値」の年齢のほうが現実的かもしれません。

100歳超えの可能性もあり得る現在、ひとりで暮らす期間は想像以上に長くなるかもしれないことを想定しておきたいものです。

男女の寿命

	女性	男性
90歳時生存割合	52.6%	28.1%
95歳時生存割合	27.9%	10.5%
平均寿命	87.71歳	81.56歳
死亡年齢最頻値	93歳	88歳

（2020年）

年齢別死亡件数

（女性・2020年）

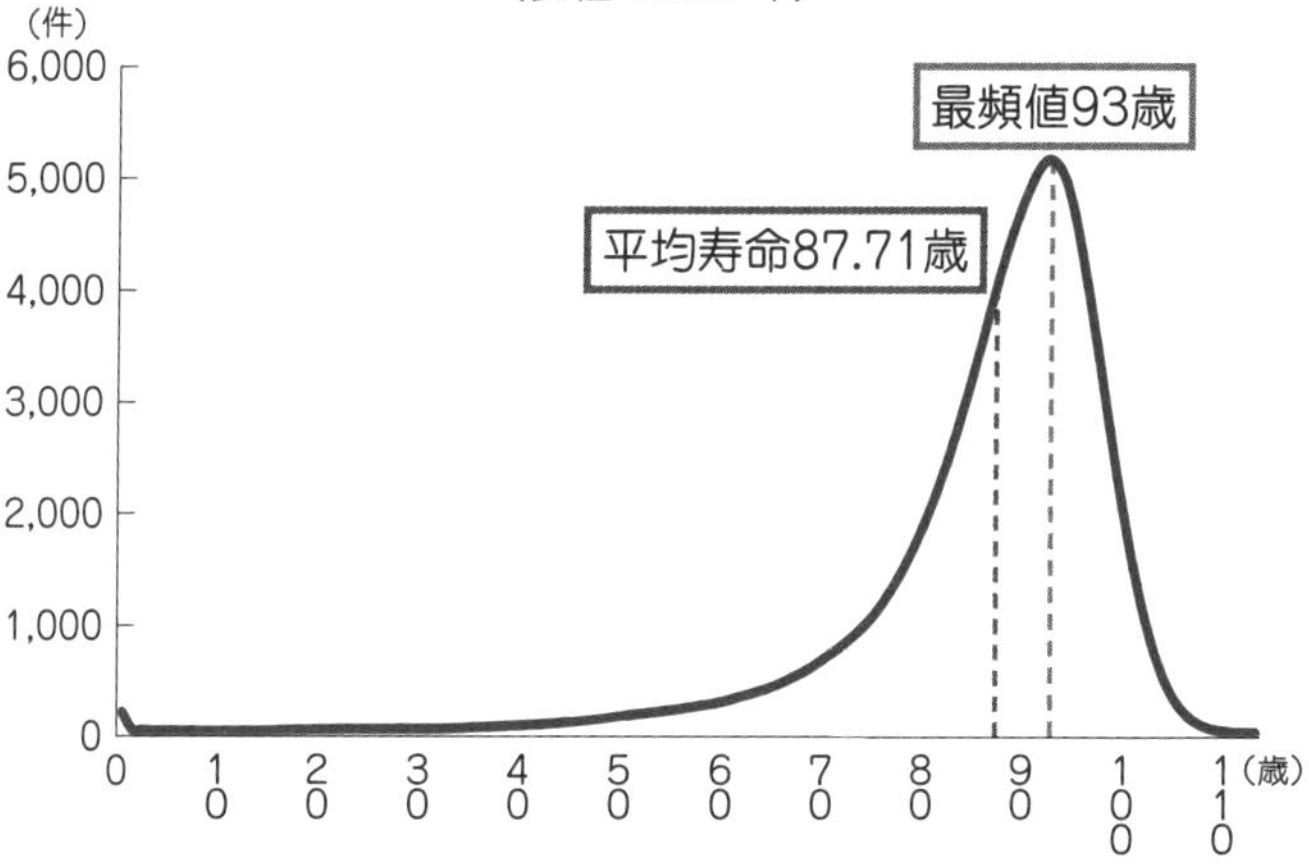

参考：いずれも「令和4年版　男女共同参画白書」

書き出すことで不安が明確になり解決の糸口が見出せる

子どもがいない30代後半の女性から「この先、老後が不安」だと打ち明けられました。私は30代後半で同居していた祖母の在宅介護を終え、当時はまだ自分の老後についてまで考える余裕がありませんでした。

例えば、子どもがいない夫婦が不安に思うことのひとつに相続があります。亡くなった側の親が健在なら配偶者と親、親が亡くなっている場合は配偶者と兄弟、兄弟が亡くなっている場合は配偶者と甥《おい》・姪《めい》とで遺産分割協議をする必要があります。遺産分けによる争いを避けたい場合は遺言を残すことで配偶者に財産のすべてを残すことができます。遺産分割協議をする必要もなく、残された配偶者の手続きの負担も軽くなります。

不安の内容は人それぞれ異なります。ひとり老後の準備をするためにまず始めることは、自分にとって不安なことは何かを具体的に書いてみること。**書くことで自分がいだいていた不安が明確になります。**それらを少しずつ調べたり、行動に移してみることで「いま」すべきことがわかり、解決の糸口を見出すことができるでしょう。

将来に向けてどんな不安を抱えている？

- ずっと健康でいられるかわからない
- 病気になって入院したらどうすればいい？
- 介護をしてくれる人がいない
- 認知症で人と会話ができなくなったらどうしよう
- 働けなくなったらどうしよう
- パートナーがいなくなったらどうしよう
- 友達がいなくなったらどうしよう
- 親の介護はどうしよう
- 物が多すぎて遺品整理ができるか心配
- 自分が亡くなった後の手続きはどうしよう

将来の不安なことリスト

	体のこと	介護のこと	医療のこと	住まいのこと	亡くなった後のこと
不安	持病がいつ再発するかわからない	ひとり暮らしがいつまで続けられるかわからない	いまかかっているクリニックは在宅医療に対応しているかわからない	手すりの設置などが必要になったときのお金の不安がある	病院で亡くなった後の対応はどうすればいいの？
対応策	↓ 定期的に検診を受ける	↓ 自宅近くの介護施設の見学にいってみる	↓ 次回の受診のときに確認してみる	↓ 介護保険のサービスについて調べてみる	↓ 死後事務委任契約について調べてみる

将来気がかりなことと、いまできる対応策を
セットで書き出してみると、不安が軽くなる！

自分で決めて動く、という暮らしが元気の源に（ワンポイント・アドバイス）

年を重ねると「もう年なのだから」と行動を制されることがあります。また、家族と同居している場合は、自分が動きたくても家族に気を遣って行動を自制することもあるかもしれません。

訪問診療で多くの高齢者の自宅を訪問している医師が「ひとり暮らしの方のほうが脳の機能が衰えにくいのではないか」と話していました。**自分で自分のことは何とかするという気概が、脳を鍛え、衰えにくくさせる**ということでした。

「優しい嫁さん寝たきりつくる」という言葉があります。お嫁さんが姑のために世話を焼くことが、じつは高齢の姑の身体の機能を衰えさせてしまうという意味です。

私はかつて母と母方の祖母と３人で１つ屋根の下で生活していました。私も母も仕事をしていたので、家事はすべて祖母に任せきりにしていました。祖母が要介護の状態になってから「なぜもっと労《いた》わることができなかったか」と大いに悔やみましたが、介護が必要になる前までは祖母は家事も仕事もしっかりとこなしてくれていました。

「優しい嫁さん～」の言葉を聞いてから自分を責める気持ちが多少は軽くなり、いまは当時の祖母に感謝しています。

Part1 在宅で受けられる頼れる介護サービス

人に手助けしてもらうことだけが介護ではない

小学生から「介護って何？」と聞かれたら、みなさんはどう答えますか？

「はじめに」でもふれましたが、多くの人が「イメージ」で使っている「介護」という言葉は、じつは「介助」のことではないかと感じます。小学校高学年以上を読者対象とした拙著『介護というお仕事』（講談社）で、私は介護について「誰かの助けが必要な人の、心と体を支えること」、さらにいえば「介護はその人が望んだり、目標とする生活を送るための支援のことで、そのための計画を立てるなど、実現に至るまでの過程も含まれます」と書きました。それに対し、「介助」とは食事・入浴・排泄《はいせつ》など日常の動作の手助けをすることで、「介助」は「介護」を実現するための手段だといえると説明しました。

私流の解釈では、**「介助」は誰かの力が必要になるかもしれませんが、「介護」は自分自身でできることもあるように思う**のです。例えば**体が不自由になった場合に自分はどのような生活を望むのか、その生活を送るための計画を立て、実行していく**——。本書が介護のイメージを能動的なものへと変える引き金になることを期待します。

介護と介助の違い

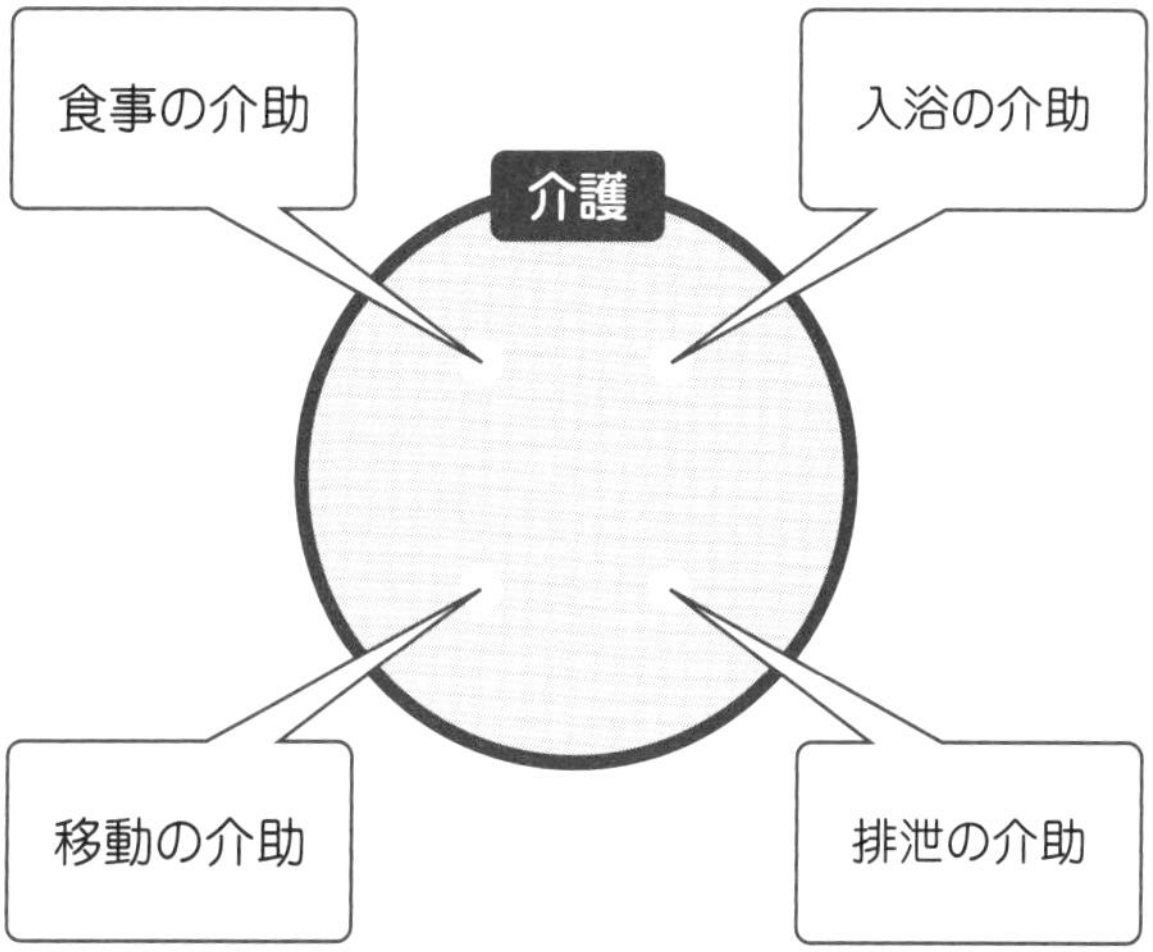

- 介助とは、食事や入浴、排泄などを手助けすることを指します。要するに「介護」を実現するための手段と考えられています
- 「介護」は日常生活の自立を目指す行為全般といった広い意味を持っており、「介助」はその日常生活を助ける行為です。イメージとしては、「介護」という大きな枠組みのなかに「介助」が含まれると考えられます

介護保険制度は現金が支給されるの？

体が不自由になってもひとり暮らしを続けていきたい――。そのような望みをかなえるために、まず活用したいのが介護保険制度（以下、介護保険）です。

介護保険は介護が必要な人を社会で支えるという目的で2000年にスタートしました。運営主体は市区町村で、その財源は40歳以上の被保険者から徴収した保険料と税金です。

被保険者は65歳以上の「第1号被保険者」と、40～64歳で医療保険加入者の「第2号被保険者」に分かれます。第1号被保険者は特定の病気で制限されることはありませんが、第2号被保険者の場合、特定疾病（パーキンソン病など16種類の疾病）が原因で介護や支援が必要だと認められた人のみが対象です。介護保険は現金が給付されるわけではありません。**介護サービスという「現物」で支給されます。**第1号被保険者の保険料は市区町村によって異なり、各自の所得に応じてその額が設定されています。第1号被保険者の介護保険料の納付方法は、年金から天引きする特別徴収と、口座振替または納付書で納める普通徴収があります。

介護給付費の財源構成

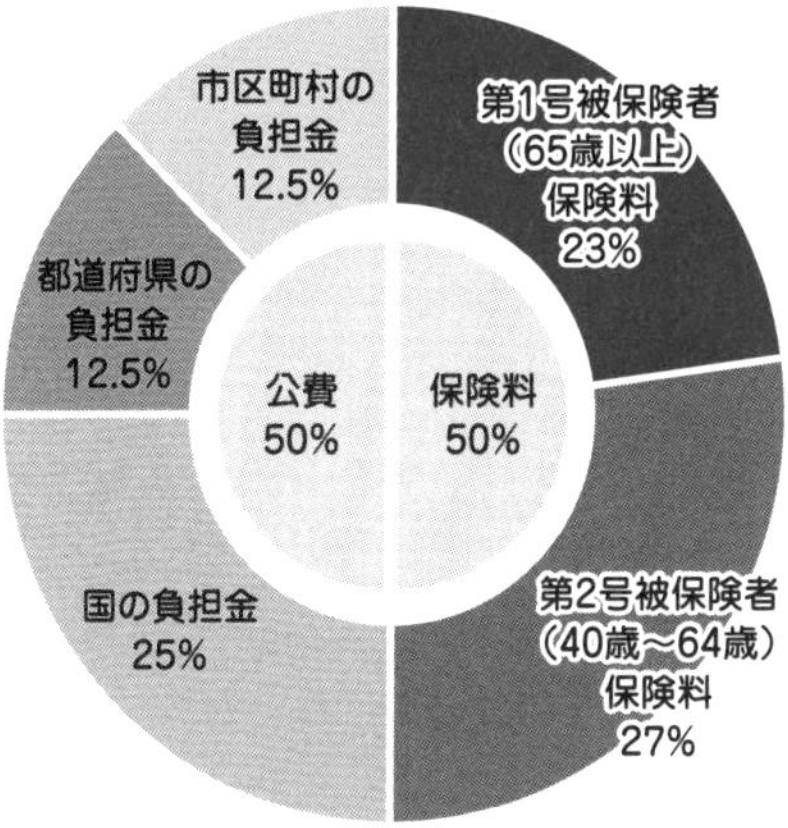

参考：厚生労働省 令和3年「介護保険制度の概要」

介護保険の加入者と年齢

40歳以上の方は、お住まいの市区町村が運営する介護保険の加入者となります。年齢ごとに、65歳以上の方は**第1号被保険者**、40歳から64歳までの方は**第2号被保険者**となります

65歳以上の方

第1号被保険者

40歳から64歳までの方

第2号被保険者

介護保険のサービスを利用するにはまず何をする？

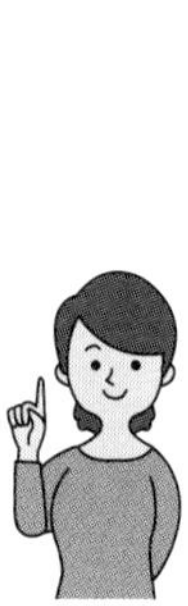

介護保険のサービスを利用したいと思ったら、お近くの「**地域包括支援センター**」もしくは**市区町村の介護保険課**などの窓口へいきます。このとき65歳になったらお手元に届く**介護保険被保険者証を提出**します。事前に電話で問い合わせてから窓口に出向くとスムーズです。介護保険被保険者証が手元にない場合も事前に伝えておくとよいでしょう。

窓口の担当者は申請を希望する人の状況をたずね、明らかに介護保険の対象外であるのか、「基本チェックリストによる判定」をおこなうか、「要介護・要支援認定の申請」を進めるかなどを案内します。「基本チェックリスト」は生活や身体に関する25項目の質問から構成されています。判定後、「非該当」だった場合でも65歳以上の誰もが利用できる「一般介護予防事業」（健康教室など）のサービスが利用できます。

「生活機能の低下がみられた人」は「介護予防・生活支援サービス事業」（訪問型サービス・通所型サービス）の対象者となり、訪問型サービスではヘルパーとともに調理などをおこなったり、通所型サービスではデイサービスで筋力トレーニングを受けたりします。

利用までのながれ

【申請に必要なもの（例）】

- ☑ 要介護・要支援認定申請書
- ☑ 介護保険被保険者証
- ☑ 健康保険被保険者証
- ☑ 本人の確認ができるもの
- ☑ マイナンバーの確認ができるもの

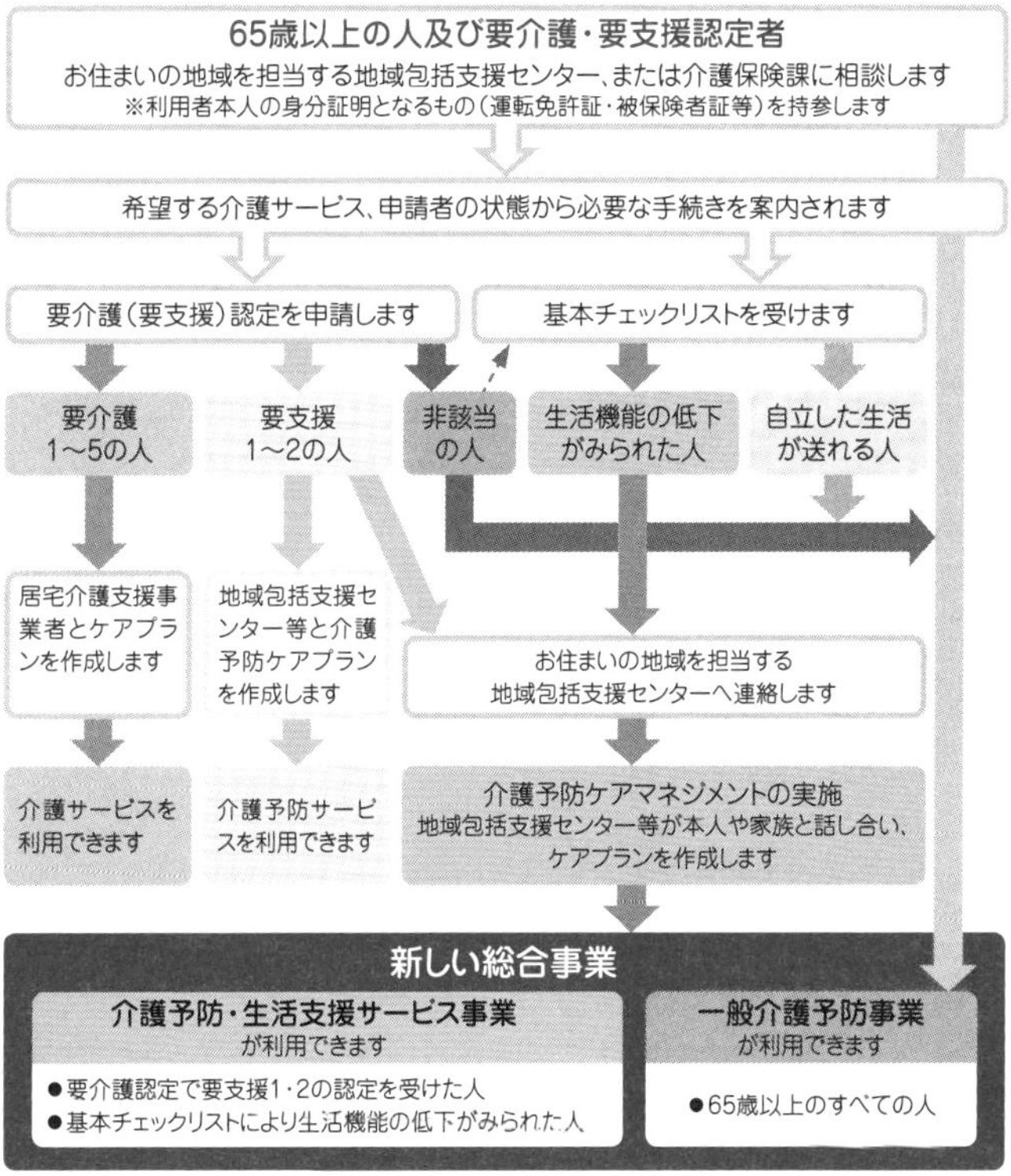

が送れる人

お住まいの地域を担当する

介護予防ケアマネジメントの実施

新しい総合事業

●要介護認定で要支援1・2の認定を受けた人

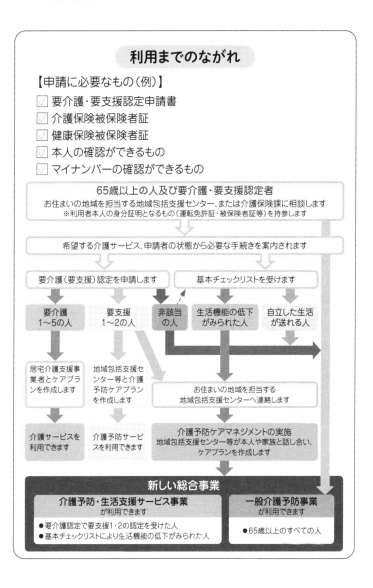

※利用者本人の身分証明となるもの（運転免許証・被保険者証等）を持参します
希望する介護サービス、申請者の状態から必要な手続きを案内されます

介護保険の「申請から利用」までの流れを知りたい

窓口に相談に出向き、「要介護・要支援の申請をする」という流れになった場合、申請の手続きは本人のみならず家族や居宅介護支援事業者などが代行できます。申請後は**介護認定調査員の訪問による調査**を受けます。また、**主治医がその人の心身の状況について意見書（主治医意見書）を作成**します。この後おこなわれる審査・判定は、「コンピュータによる1次判定」と「介護認定審査会による2次判定」があります。

このような流れを経て、最終的に市区町村が認定をおこない、結果が通知されます。結果は介護予防サービスが受けられる「要支援1・2」、介護サービスが受けられる「要介護1〜5」、支援も介護も必要ない状態の「非該当」に分けられます。

なお、申請から認定までは原則30日以内としていますが、年末年始などで30日以上かかったという話も聞きます。

必要に応じて認定前でも介護サービスを利用できる場合がありますので、地域包括支援センターの職員や介護支援専門員（ケアマネジャー）に相談するとよいでしょう。

要介護・要支援認定とは

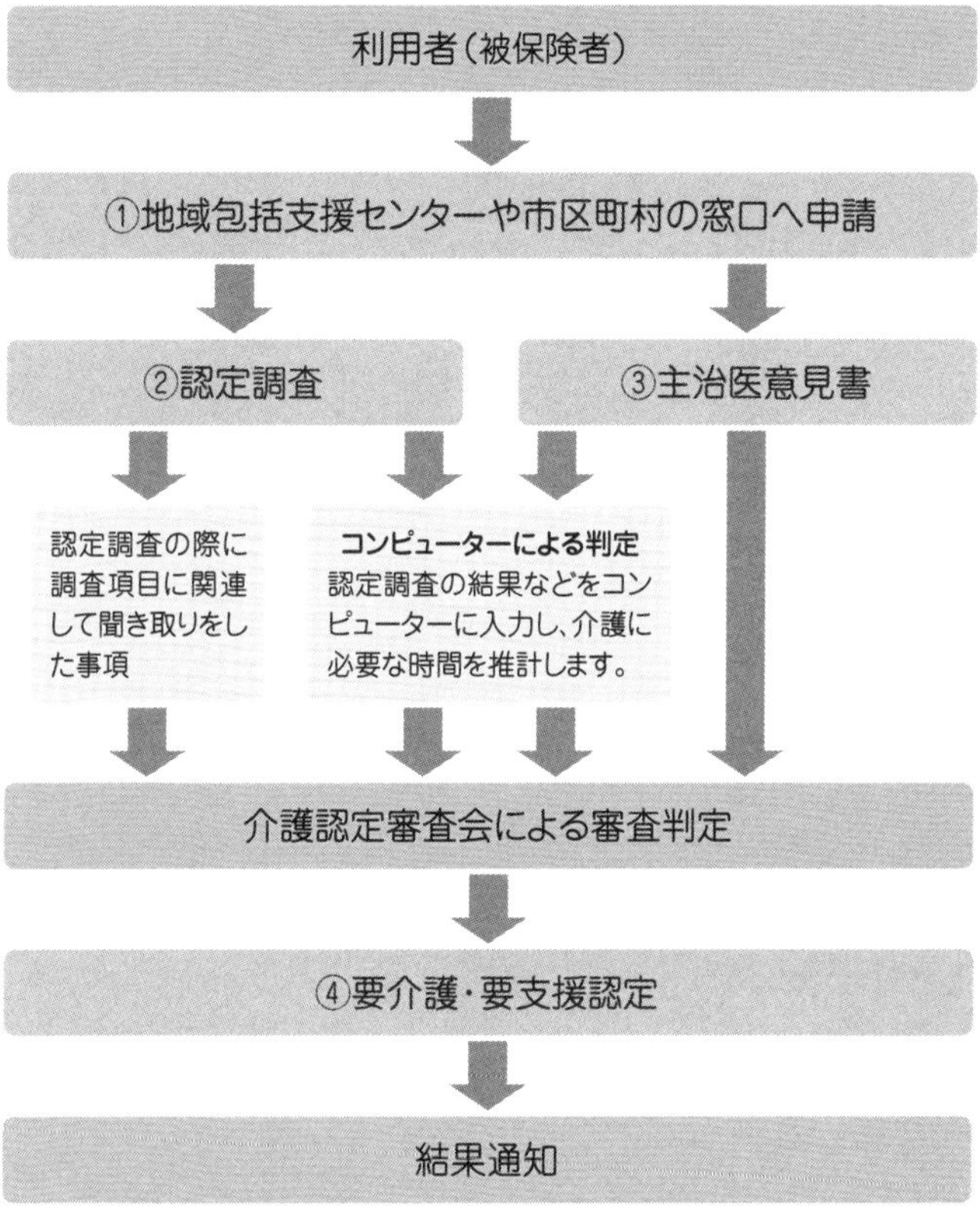

※介護認定には有効期間があり、更新申請が必要です。ケアマネジャーなどが代行することもできます

「要介護」の認定を受けたらまず「ケアプラン」をつくる

介護サービスを利用するにあたり、「要介護」の人は支援方法や利用するサービスなどを決める介護サービス計画（ケアプラン）が必要です。ケアプランは居宅介護支援事業所などで働く介護支援専門員（ケアマネジャー）がつくります。一方、「要支援」の人は介護予防サービス計画（介護予防ケアプラン）が必要で、地域包括支援センターの職員などがつくります。どちらのプランも自分自身でつくることは認められています。

地域包括支援センターの職員やケアマネジャーには困っていることなどを遠慮なく伝え、現状の問題が解決するよう一緒に考えます。介護サービスは要介護（要支援）の状態に応じ、支給限度額が定められており、それを超えた場合は全額自己負担となります。

私が祖母の在宅介護をしていた当時、ケアマネジャーの確認不足で支給限度額を超えたことがありました。ケアマネジャーのミスがないとは言い切れませんので、サービス利用票（その月に利用予定の介護サービスの内容）・サービス利用票別表（利用者の支給限度額の管理や負担額の概算）も面倒がらずに確認すると、トラブルを防げます。

介護保険制度の支給限度基準額と自己負担

介護保険制度の支給限度基準額

1割、2割、3割のいずれかの自己負担があります

	支給限度基準額（月額）	うち自己負担額（1割負担の場合）
要介護1	167,650円	16,765円
要介護2	197,050円	19,705円
要介護3	270,480円	27,048円
要介護4	309,380円	30,938円
要介護5	362,170円	36,217円

（2023年8月現在）

要介護・要支援の人のプラン

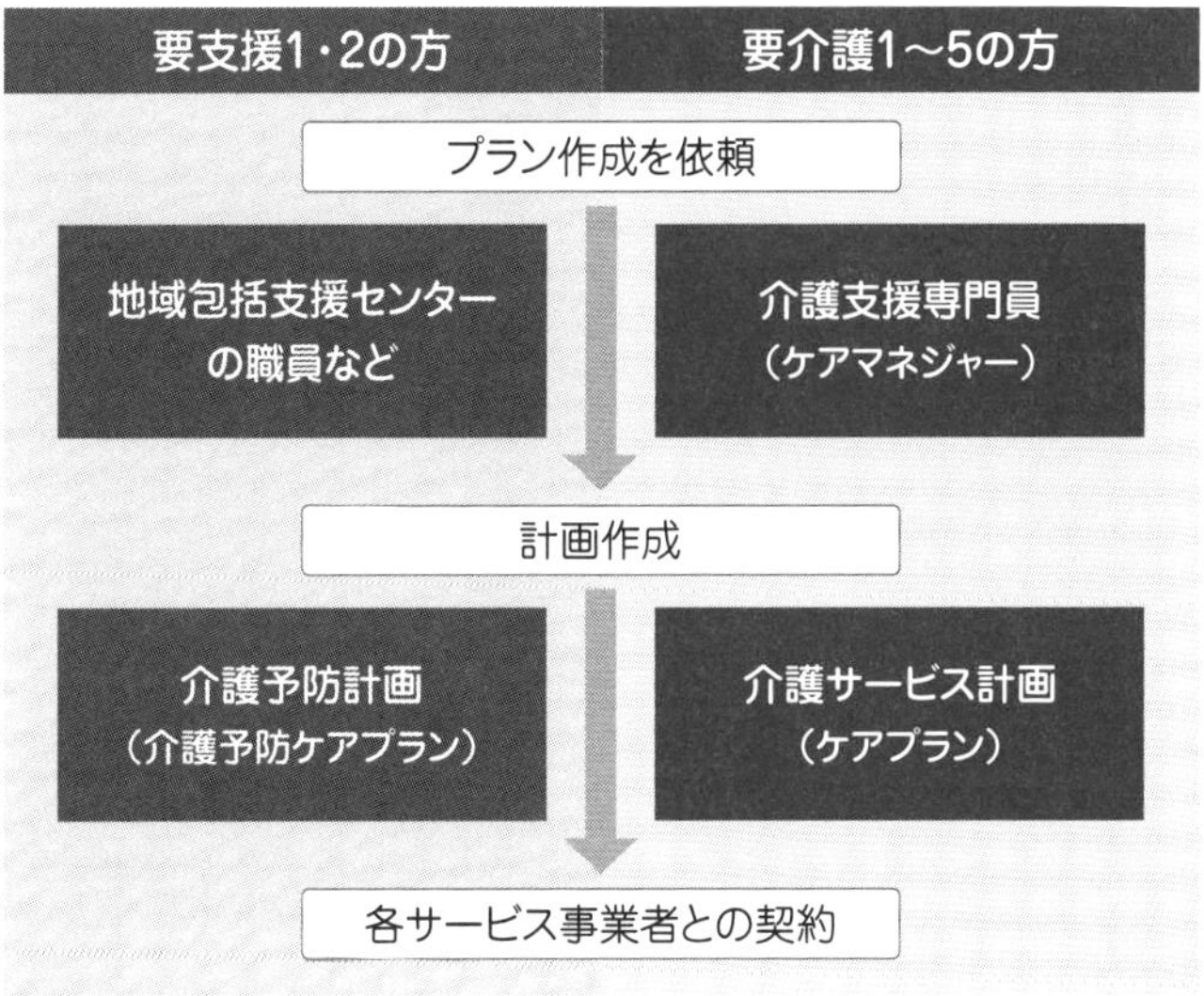

よいケアマネジャーの見分け方と自宅で受けられる介護サービス

ケアマネジャーはケアプランをつくったり、介護サービスを提供する事業者を手配するほか、定期的に利用者の自宅を訪問してサービスの内容の点検や確認をおこないます。サービス利用後に困ったことがあれば遠慮せずに相談しましょう。ケアマネジャーを選ぶポイントは、**「丁寧《ていねい》に話を聞いてくれる」「支給限度額などの事務的なこともわかりやすく説明してくれる」「迅速《じんそく》に行動してくれる」「サービスの利用を強く勧めない」**といった点です。「連絡手段としてメールを使いたい」という要望があれば、柔軟に対応してくれる人が望ましいでしょう。ケアマネジャーを替えたい場合は居宅介護支援事業者に相談する、もしくは事業所を変更したり、1人で開業している人を選ぶこともできます。

自宅で受けられる介護保険のサービスには、ヘルパーがきて食事、入浴、排泄などの介助や掃除、洗濯などの生活の援助をしてくれる「訪問介護」、看護師がきて健康チェックなどをする「訪問看護」、組み立て式の浴槽で入浴の介助をする「訪問入浴介護」、理学療法士(※)などが訪問してリハビリをする「訪問リハビリテーション」などがあります。

ケアマネジャーを選ぶ際のチェックリスト

- ☑ ケアプランの内容をわかりやすく説明してくれるか
- ☑ 来訪前にはきちんと事前連絡があるか
- ☑ 支給限度額の確認など事務的なことにも抜かりはないか
- ☑ 迅速に相談に応じ、行動に移してくれるか
- ☑ メールでもやりとりできるか
- ☑ 自治体のサービスなど地域の情報に詳しいか
- ☑ サービスの利用を強く勧めないか

介護保険のサービスのイメージ図

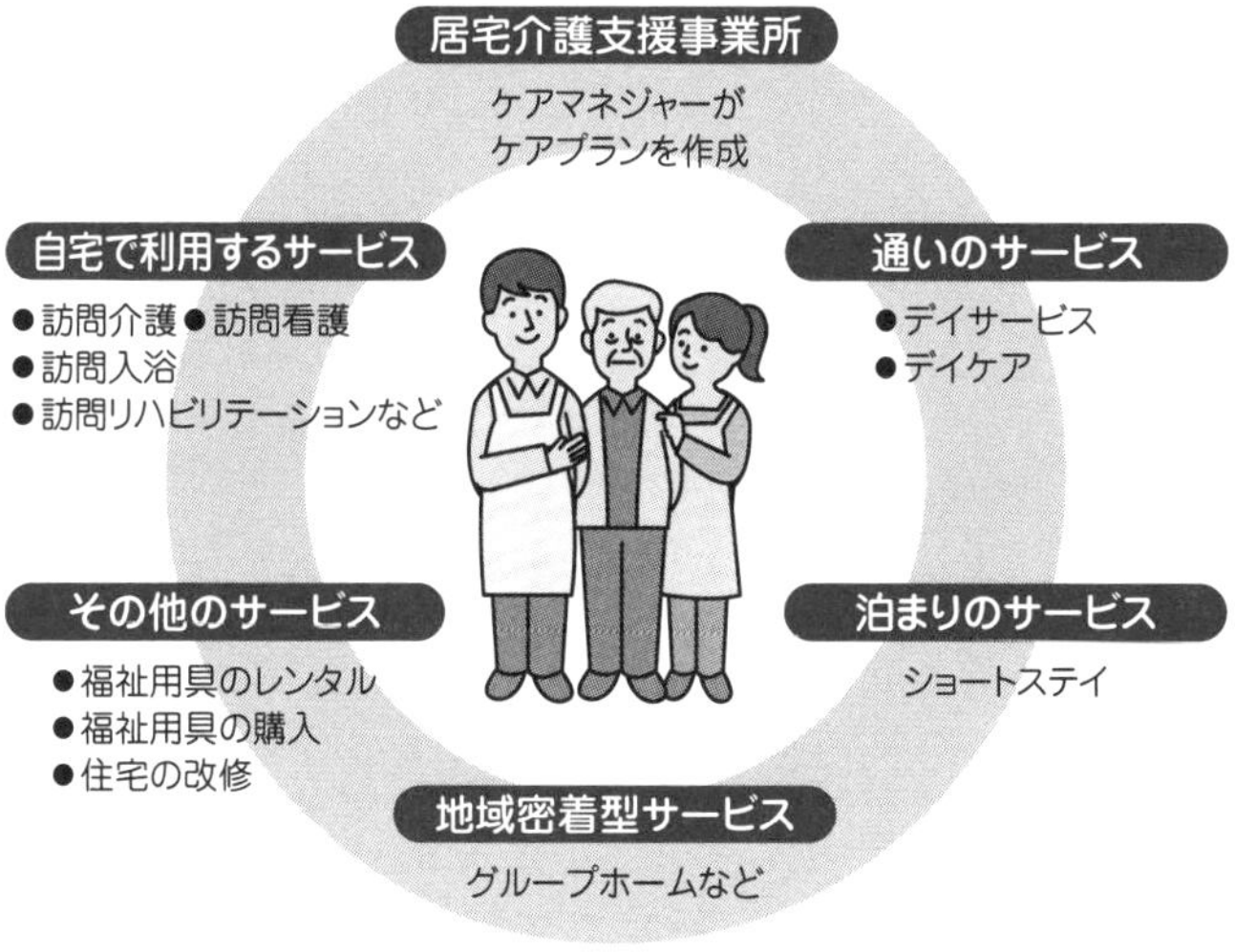

※理学療法士…P79参照

スポーツジムにいく感覚で利用できるデイサービスも

介護保険のサービスはヘルパーなどによる訪問型のサービスだけではなく、こちらから通うサービスもあります。それが「**通所介護（デイサービス）**」と「**通所リハビリテーション（デイケア）**」です。デイサービスは食事や入浴、レクリエーションなどのサービスが受けられます。一方、病院や診療所に通うデイケアでも入浴や排泄の介助を受けられますが、医師の診察や専門家によるリハビリが主な目的となります。

デイサービスもデイケアも送迎サービスがあります。同居している家族がいる場合、通いのサービスはレスパイト（介護をしている家族が介護から一時的に離れ休息する）となりますが、ひとり暮らしの人は介助付きで入浴できることや閉じこもり予防で利用するケースがあります。集団行動が苦手な人もいるかもしれませんが、最近は特徴のあるデイサービスも増えており、運動に特化した半日型のデイサービスは、スポーツジムにいく感覚で利用できます。「要支援」と認定された人は「介護予防通所介護」「介護予防通所リハビリテーション」を受けます。

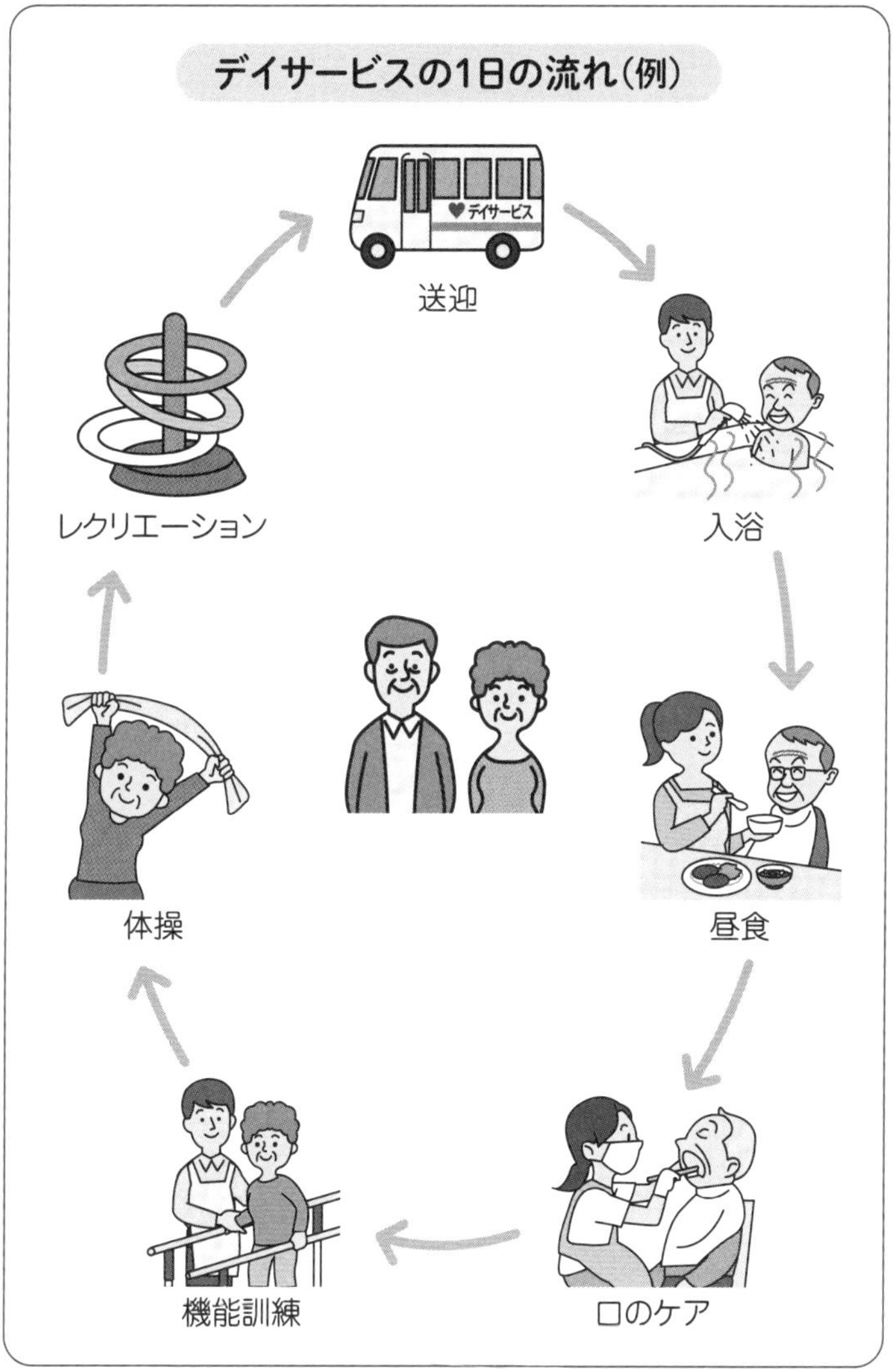
デイサービスの1日の流れ（例）
デイサービス
送迎
入浴
昼食
口のケア
機能訓練
体操
レクリエーション

夜間に不安があるときは「ショートステイ」を使う

介護施設がどんなところか「試しに入所してみたい」という人や、ケガなどで一時的に介助が必要になった場合は、短期間施設に宿泊する**「ショートステイ（短期入所生活介護）」**を利用するのも一案です。同居家族が外出する場合などにも使われる「短期入所生活介護」は、特別養護老人ホームなどに併設されているのが一般的ですが、ショートステイ専門の施設もあり、入浴や食事などの日常生活を中心としたサービスを提供しています。

そのほかショートステイには**「短期入所療養介護」があり、介護老人保健施設や医療機関で提供されています。**心身の状態が安定せずに夜間ひとりで過ごすのが不安といった場合は、短期入所療養介護を利用するのも一案です。とはいえ、以前私の祖母が利用した際には受け入れ側の病院に、祖母が使用している医療器具の扱いや管理について家族が一から説明し、苦労した経験もありました。

ショートステイは1泊から利用できますが、滞在費や食事など介護保険が適用されない実費が発生することは頭に入れておきましょう。

介護保険で利用できるショートステイの種類と特徴

	短期入所生活介護	短期入所療養介護
サービスをおこなうところ	特別養護老人ホームなどの施設	医療機関、介護老人保健施設（老健）、介護医療院（※）など
サービスの内容	食事や入浴など、日常生活上の介助が受けられる	医療や看護の支援が受けられる

- 介護保険での利用は両者とも1泊から可能で連続利用は原則30日まで。一定の条件をクリアすれば30日を超えて利用できる場合もあります
- 「短期入所生活介護」には施設に併設されている「併設型」とショートステイ専用の施設でサービスをおこなう「単独型」があります
- 「短期入所療養介護」は「医療型ショートステイ」とも呼ばれます。医師や看護師のほか理学療法士（PT）などもおり、リハビリテーションをおこなう場合もあります
- 一部の有料老人ホームなどでおこなわれている「有料ショートステイ」は食事や入浴などの介助が受けられますが介護保険適用外で、その費用は全額自己負担になります

※介護医療院…医療の必要性が高い人に対応した施設で、介護と医療の両方のサービスが受けられる

介護保険を利用して入所できる施設もある

認知症や自力で起き上がれない人でも自宅での生活を続けている人は多くいます。ただ、**「施設へ入る選択もある」と思うことで不安が減ることもあるでしょう**。介護施設といってもさまざまですので、その違いを理解し、自分の状態に合った施設を選ぶことがポイントです。介護保険で利用できる施設は①**「介護老人福祉施設（特別養護老人ホーム）」**②**「介護老人保健施設」**などがあります。

①は通称「特養」と呼ばれ、日常生活の介助が受けられます。介護の専門職によるケアが受けられる、終身利用ができるといったメリットがあります。ただし要介護3以上が対象で、医療的な処置によっては対応ができない場合もあります。入所を待つ期間が長いことが指摘されていますが、早く入れる地域もあります。②は通称「老健」と呼ばれ、病院から自宅に戻ることを目指すための施設です。専門職によるリハビリがおこなわれ、近年では老健で看取りをおこなうケースも増えています。①②ともに民間の有料老人ホームより低額ですが、居住費（部屋代、光熱費）、食費、日用品などは介護保険の対象外です。

介護保険のおもな施設

要介護3〜5の方

生活全般での介護が必要な方

介護老人福祉施設
（特別養護老人ホーム）

常時介護が必要で、在宅での介護が困難な方のための施設です。食事、入浴、排泄などの日常生活介護や療養上の世話が受けられます

※原則、要介護3〜5の方が対象。ただし要介護1・2の方はやむを得ない事由がある場合に特例で入所できます

要介護1〜5の方

自宅へ戻ることをめざしてリハビリを受けたい方

介護老人保健施設
（老人保健施設）

病状の安定している方に、医療上のケアやリハビリテーション、日常的な介護を提供し、自宅へ戻ることを支援するための施設です

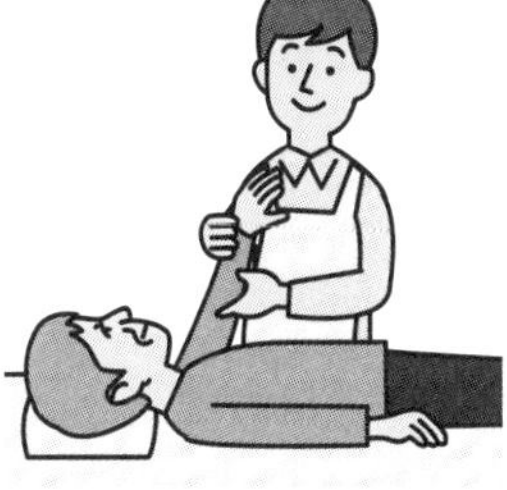

人生100年時代の住まい選びで後悔しないためには？

「人生100年時代」といわれています。定年後に住み替えやリフォームをしても、体が不自由になるなどの状況によって、その場所が「終《つい》の棲家《すみか》」になるとは限りません。

昨今、高齢期の住まいとして注目されているのが、**民間が運営する「サービス付き高齢者向け住宅（サ高住）」**です。バリアフリーで、安否の確認や生活相談サービスなどが受けられます。

一方、おもに民間企業が運営する「有料老人ホーム」は、①介護付き②住宅型③健康型の3つのタイプがあり、①②が全体の9割以上を占めます。最近増加傾向の「住宅型有料老人ホーム」は食事の提供が中心です。費用が比較的高額な「介護付き有料老人ホーム」は日常生活の介助が受けられ、提供される介護サービスには介護保険が利用できます。

医療が必要になったらどうするかなど、先々のことも見据えて検討し、足を運んで入所者や職員の対応を見学しましょう。可能であれば近隣の店やタクシーの運転手などから評判を聞いてみると情報が得られることがあります。

有料老人ホームとその他の住宅

介護保険施設

- 介護老人福祉施設（特別養護老人ホーム）
- 介護老人保健施設（老健）
- 介護医療院（※）

有料老人ホーム

- 介護付き有料老人ホーム
- 住宅型有料老人ホーム
- 健康型有料老人ホーム

その他

- サービス付き高齢者向け住宅（サ高住）
- 軽費老人ホーム

など

※2017年度末で廃止（経過措置の期限は24年3月末まで）が決まった「介護療養型医療施設」に代わって作られた施設

ひとり暮らしの困りごとで介護保険が利用できない場合は？

電球の付け替え、入退院時の準備や片づけ、ペットの世話、冠婚葬祭の付き添い、お見舞いやお墓参りの同行、大掃除などは、介護保険のサービスを利用できません。こうした身のまわりの世話を誰かに頼みたいときは、介護保険の訪問介護などをおこなっている事業所が自費によるサービスをおこなっていることもあるので、**まずはケアマネジャーや訪問介護事業所などに相談してみましょう。**

また、民間企業で夜間の長時間の見守りや草取りなどに対応しているところがあります。そのほか市区町村の社会福祉協議会が有償ボランティアで高齢者の支援をしていたり、シルバー人材センターでも介護保険対象外のサービスに対応している場合があります。

また、近年は「混合介護」という介護サービスのあり方が期待されています。これは「介護保険で受けられるサービス」と全額自己負担の「介護保険外」のサービスを同時内で利用することです。ただし、利用できるのは比較的高所得の人に限られる可能性があるため、公平性や公共性に反するという指摘もあり、今後の行方が注目されています。

混合介護とは…

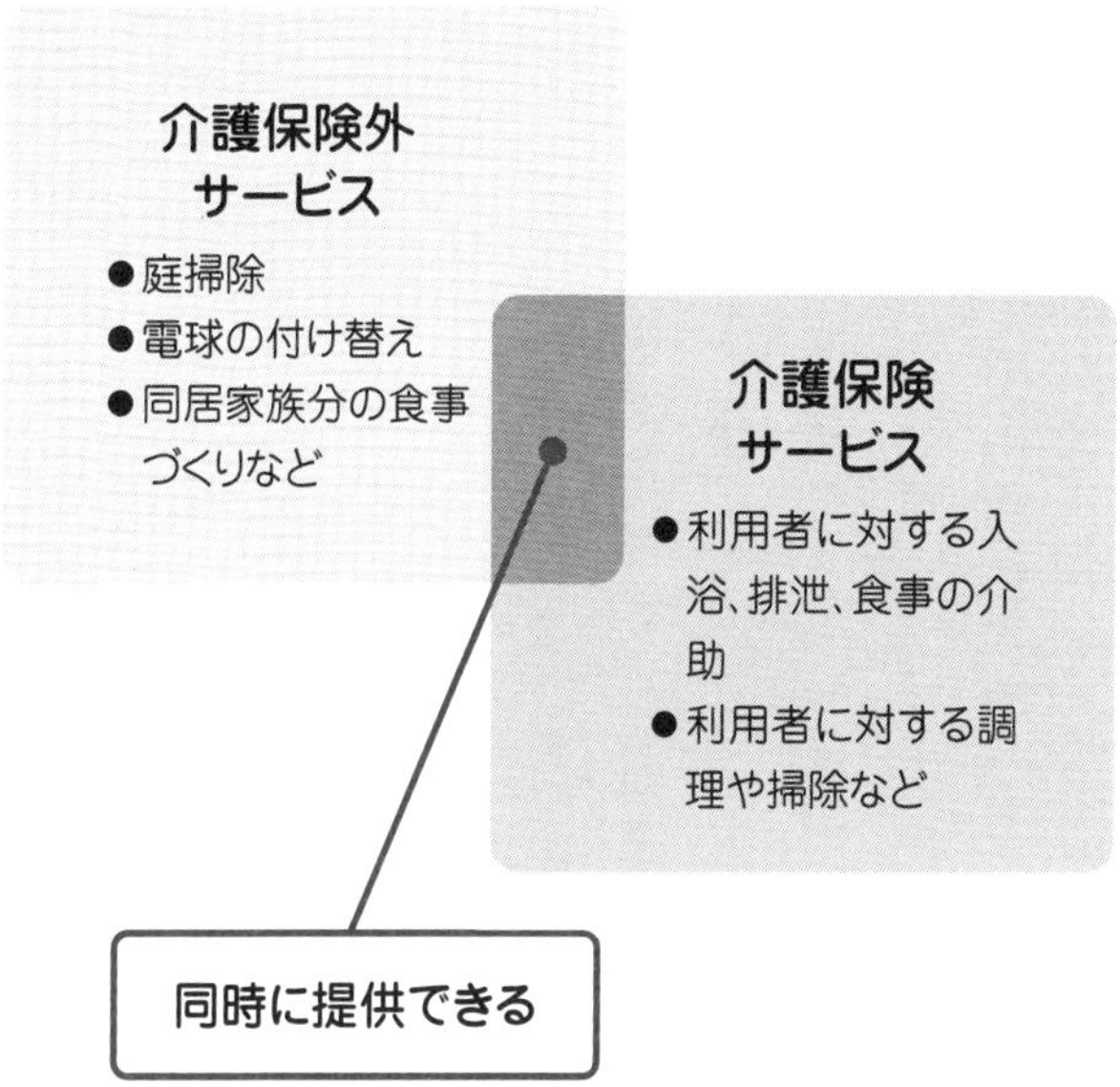

要介護認定を受けた人が、自己負担1～3割で利用できる「介護保険サービス」と、全額自己負担で利用する「介護保険外サービス」を組み合わせること

ひとり暮らしの人にとって意外と役立つ自治体独自のサービス

ひとり暮らしの人にとって、必要なときに人の手を借りられるよう情報を集めておくことは大切なことです。介護保険のサービス以外で意外と役に立つのが、市区町村独自でおこなっているサービスで、「65歳以上でひとり暮らしや高齢者のみ世帯」や「65歳以上で要介護4、5程度の人や認知症の人」などを対象としています。

ひとり暮らしの人を対象とするサービスには、専用の機器やペンダントのボタンを押すと24時間対応のコールセンターに通報が入る「**緊急通報サービス**」、防火装置のレンタルや給付をおこなう「**火災安全システム**」、定期的に自宅に電話がある「**電話訪問**」、食事を届けて安否確認をおこなう「**配食サービス**」、ごみ出しが難しい人のために清掃事務所の職員などが自宅に引き取りにきて安否確認をおこなう「**ごみの訪問収集**」などがあります。上記は一例ですので、お住まいの市区町村のホームページを確認してみましょう。

最近はメールで質問を受け付けている市区町村も増えてきました。サービスの内容や手続きの方法など不明な点があれば、気軽に質問するとよいでしょう。

自治体による、主に65歳以上を対象としたサービス例

事業名	内容
ひとり暮らしなど高齢者登録	安否の確認や緊急時に対応する
配食サービス	定期的に食事を自宅まで届ける。自己負担が生じる市区町村もある
生きがいデイサービス	レクリエーション、趣味活動、生きがい活動、通所によるデイサービスを実施する
緊急通報サービス	助けを求めたいときに緊急ボタンを押すと、救急車や協力員が駆けつける装置を設置する
火災安全システム	火災警報器、自動消火装置、ガス安全システム機器、電磁調理器などの貸与や給付をおこなう
安否確認付きごみ出し訪問収集	集積所までごみを出すことが困難な高齢者などの家に清掃事業所の職員が玄関先まで出向き、ごみを収集する。一定期間ごみが出されていないときなどは、安否の確認をおこなう場合もある

要介護4や5の人を対象にした便利で癒されるサービス

私の祖母は、クモ膜《まく》下《か》出血をきっかけに自力では身動きができない状態となり、介護保険が始まった年から要介護5の認定を受けていました。在宅介護をしていた当時は介護保険のサービスのほか、自治体によるサービスも利用しました。

例えば、決められた枚数の布団・毛布、マットレスを自宅まで引き取りにきて高温で消毒してくれる「**寝具乾燥・消毒サービス**」は、毎回布団や毛布がフワフワの状態で戻り、うれしかったものです。また、チケット制もしくは費用の助成などにより**紙おむつや尿パッド**（紙おむつと併用し、取り換えの回数を軽減できる）などを支給する自治体は多いようです。

さらに、寝台のまま乗れる**福祉タクシーの料金が一部助成**されるサービスもあり、通院する際には助かりました。ほかにも、理容師の方がきて髪をカットしたり、ベッドでドライシャンプーをしてくれる「**訪問理美容サービス**」もあります。

かゆいところに手が届くこのようなサービスは、日々の暮らしに小さな灯りをともしてくれました。

自治体による、要介護4、5を対象にしたサービス例

事業名	内容
寝具乾燥・ 消毒サービス	決められた枚数の掛布団・敷布団・毛布・マットレスの丸洗い・乾燥・消毒をおこなう
訪問理美容 サービス	理容師・美容師が自宅を訪問してカットなどをおこなう。市区町村によっては、費用の一部が自己負担になる
紙おむつの支給	紙おむつ、尿パッドを毎月一定額まで支給する。一定の条件を満たした入院中の人におむつ代を支給するところもある
リフト付き 福祉タクシー	車いすや寝台のまま乗ることができるリフト(スロープ)付き福祉タクシーの一部を負担する
寝たきり高齢者等 介護手当支給	毎月一定額を支給する
緊急一時入院病床 の確保	容態が悪化したときに入院して適切な治療を受けられるように、緊急一時入院のためのベッドを確保している
認知症徘徊《はいかい》 高齢者位置情報 確認サービス	認知症の高齢者が徘徊した場合、GPS小型専用端末を活用することでその位置を検索・確認し介護者に連絡をする
寝たきりおよび 認知症高齢者 在宅介護セミナー	介護の認識や技術を習得するとともに、介護者同士の交流を深め、心身のリフレッシュをはかるための宿泊セミナー

※サービスを実施していない市区町村、また、事業名、サービスの内容が異なる市区町村があるので注意。詳しくはお住まいの市区町村に問い合わせを。
※高齢者=一般には65歳以上の人

現金が給付される民間の介護保険でチェックしておきたいポイント

国の介護保険制度は介護サービスという「現物」で提供され、「現金」が支給されるわけではありません。一方、現金での給付が受けられるのが民間の介護保険です。

民間介護保険への加入を決める前にチェックしておきたいポイントとしては、**「保障の内容」「保険料」「支給基準」**といった点です。保険料の振り込みは掛け捨てか積み立てか、払い込み期間はどのくらいかを確認しておきましょう。

ひとり暮らしでいざというときに頼りになる人がいない場合は、自費で介護サービスを依頼したり、介護施設へ入所する選択をすることになるため、介護の費用を用意しておくと安心ですが、経済的に余裕がある人は、民間の介護保険に加入する必要性は低いといえます。

後々、「こんなはずではなかった」ということにならないためにも、認知症になった場合などは代理人でも保険金の請求に応じてくれるのか、請求手続きが煩雑でないかといった細かい点もクリアにしておきたいものです。

公的介護保険と民間介護保険の特徴

	公的介護保険	民間介護保険
加入条件	原則40歳以上は加入	任意加入 ※加入(契約)年齢は各保険会社の規定による
保険料	収入等に応じて市区町村ごとに決定	各保険会社ごとに異なる
給付条件	要支援または要介護に認定された場合(第1号被保険者)	各保険会社ごとに異なる ※公的介護保険の要介護度に連動するものもある
給付方法	介護サービスとして現物給付	現金給付

民間介護保険加入を決める前のチェックリスト

- ☑ 保険に入る目的ははっきりしているか
- ☑ いくつかの商品を比較検討したか
- ☑ 給付の内容や保障される期間を理解しているか
- ☑ 支給基準を確認しているか
- ☑ 基準を満たさなかった場合の対応を確認しているか
- ☑ 本人以外でも保険金の請求はできるのか
- ☑ 請求手続きは煩雑でないか

自助具が日常の「不自由」を補う

自助具とは文字どおり自らを助ける道具のことです。脳卒中《のうそっちゅう》の後遺症などで手足が麻痺《まひ》する後遺症がある場合などは食事や入浴などの場面で助けが必要になりますが、**自助具を活用することで日常生活の動作が自力でできる場合があります。**私の祖母は右半身に麻痺があり、スプーンを持つと手からすべり落ちてしまいましたが、スポンジ状ですべりにくいハンドルのスプーンを使うなどして工夫をしていました。

そのほか、**自助具を使わなくても適切なものを「選ぶ」ことで自力でできるようになる場合があります。**例えば、拘縮《こうしゅく》といって関節が固まっている状態で脇が開かないような場合、かぶりのタイプの洋服だと着脱が難しいですが、前開きのタイプだと自分で着脱できたり、介助する側の負担が減ります。寝たままの状態で着替えをする場合、上下のパジャマより浴衣や前開きのネグリジェのほうが介助しやすくなります。精神面においても、**介助する側が楽であることは介助される側も楽であることが多い**ように思います。自分で自分を労《いたわ》るために、介助をしてくれるスタッフへの配慮も忘れずにいたいものです。

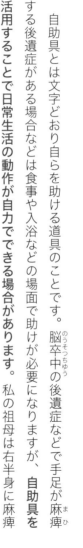

自助具の例

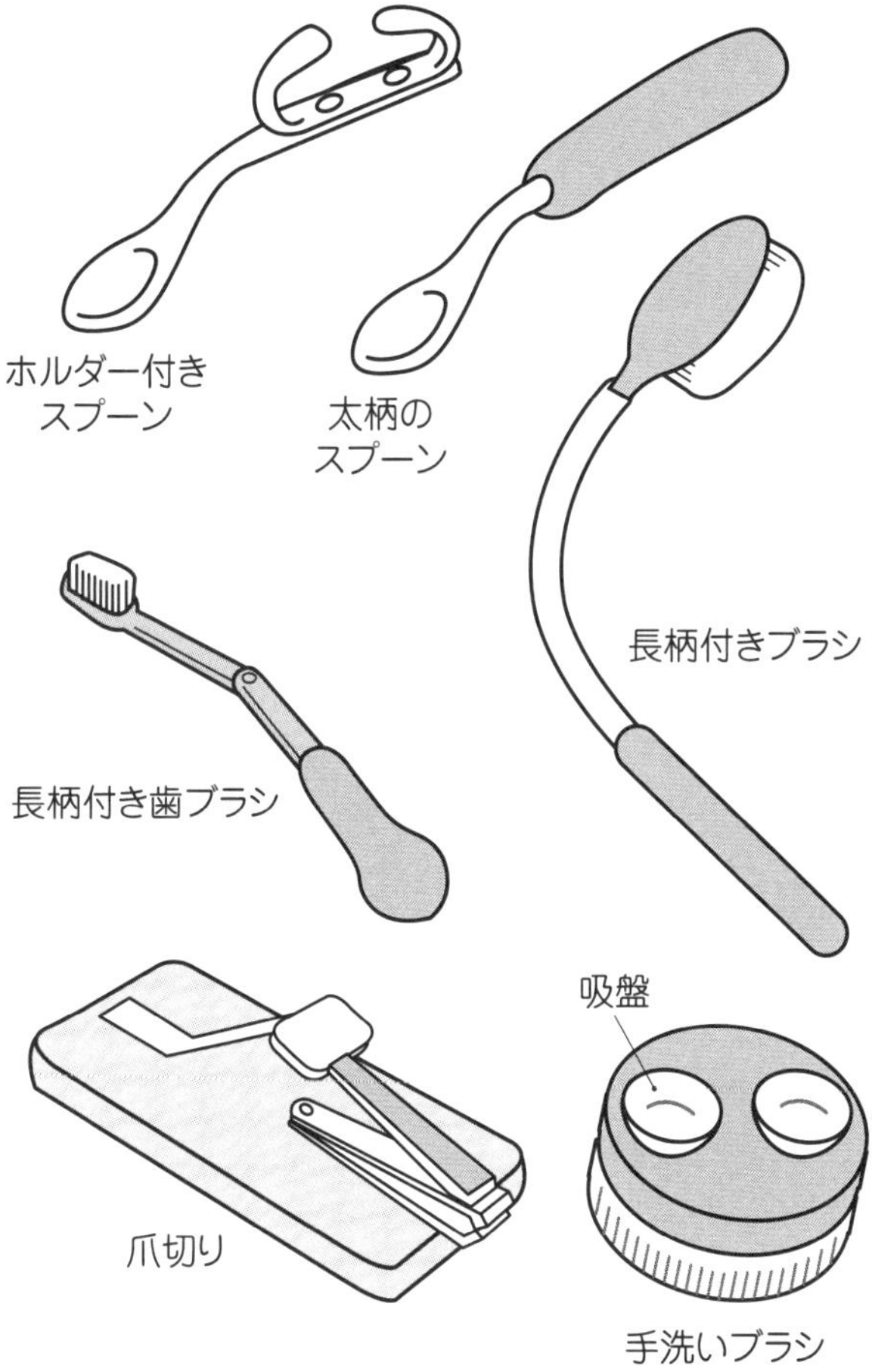
ホルダー付き
スプーン
太柄の
スプーン
長柄付きブラシ
長柄付き歯ブラシ
吸盤
爪切り
手洗いブラシ

とろみがついて飲み込みやすい
レトルト介護食はストックして活用を

レトルト食品の介護バージョン、いわゆる「レトルト介護食」があるのをご存じですか？日本介護食品協議会が考案したユニバーサルデザインフード（UDF）では、噛《か》む力・飲み込む力の状態を4段階に分けているので、自分に適したものを選ぶ際の目安になります。

飲み込みが困難になると、とくにみそ汁やスープなどでむせやすくなります。**とろみをつけたり、ゼリー状にすると飲み込みやすくなります**が、この作業は手間がかかります。その点、**レトルト介護食はあらかじめとろみづけなどがなされている**ので、開封してすぐに食べられるのがメリットです。また医師などから低栄養(※)を指摘された場合には、カロリー表示を参考に高タンパク・高カロリーなものを選ぶようにするとよいでしょう。値段は200円前後で購入できるものが多く、自分でつくった料理をメインに、もう一品加えたいときのためにストックしておくという使い方もできます。

レトルト介護食ではありませんが、とろみのついた日本酒も販売されているようです。飲み込む力が低下しても、食べる楽しみ、飲む楽しみを失わない工夫をしたいものです。

介護食の区分早見表

区分		区分1 容易に噛める	区分2 歯ぐきでつぶせる	区分3 舌でつぶせる	区分4 噛まなくてよい
噛む力の目安		かたいものや大きいものはやや食べづらい	かたいものや大きいものは食べづらい	細かくてやわらかければ食べられる	固形物は小さくても食べづらい
飲み込む力の目安		普通に飲み込める	ものによっては飲み込みづらいことがある	水やお茶が飲み込みづらいことがある	水やお茶が飲み込みづらい
かたさの目安	ごはん	ごはん～やわらかごはん	やわらかごはん～全がゆ	全がゆ	ペーストがゆ
	さかな	焼き魚	煮魚	魚のほぐし煮（とろみあんかけ）	白身魚のうらごし
	たまご	厚焼き卵	だし巻き卵	スクランブルエッグ	やわらかい茶わん蒸し（具なし）

※低栄養…体に必要なエネルギーとたんぱく質が不足している状態

お風呂に入れないときは清拭やドライシャンプーで対応する

ひとりでの入浴が心配な人は、訪問入浴やデイサービスを利用するほか、ヘルパーや看護師の訪問時に入浴介助を頼む方法がありますが、例えば浴槽をまたぐ際に不安がある人は浴槽に設置する手すりやターンテーブルのついた入浴台などの**福祉用具**や、洗い場、浴槽内で使える吸盤タイプのすべり止めマットを利用し、自力で入浴できる場合もあります。

体調が悪かったりして入浴ができない場合には**自分で「清拭《せいしき》」（体を拭くこと）をすると汚れが取れてリラックス効果も。**タオルを濡らしてよく絞り、プラスチック袋に入れて（口は完全にふさがずに少し開ける）レンジで30〜60秒温めるだけで簡単に準備できます。

最近は使い捨ての清拭タオルも販売されています。水分が身体に残っていると、冷えの原因にもなるため、身体を拭いたあとは水分が残らないよう乾いたタオルで拭き取りましょう。また、髪を洗えないときは**ドライシャンプーが便利**です。髪や頭皮に適量をつけて全体に馴染ませるようにマッサージをした後、タオルで拭き取るだけ。ドライシャンプーでも熱いタオルを使うとさっぱりして気持ちいいでしょう。

ホットタオルのつくり方

タオルを
濡らして
よく絞り
袋に入れて
レンジで1分

清拭の際のタオルの持ち方

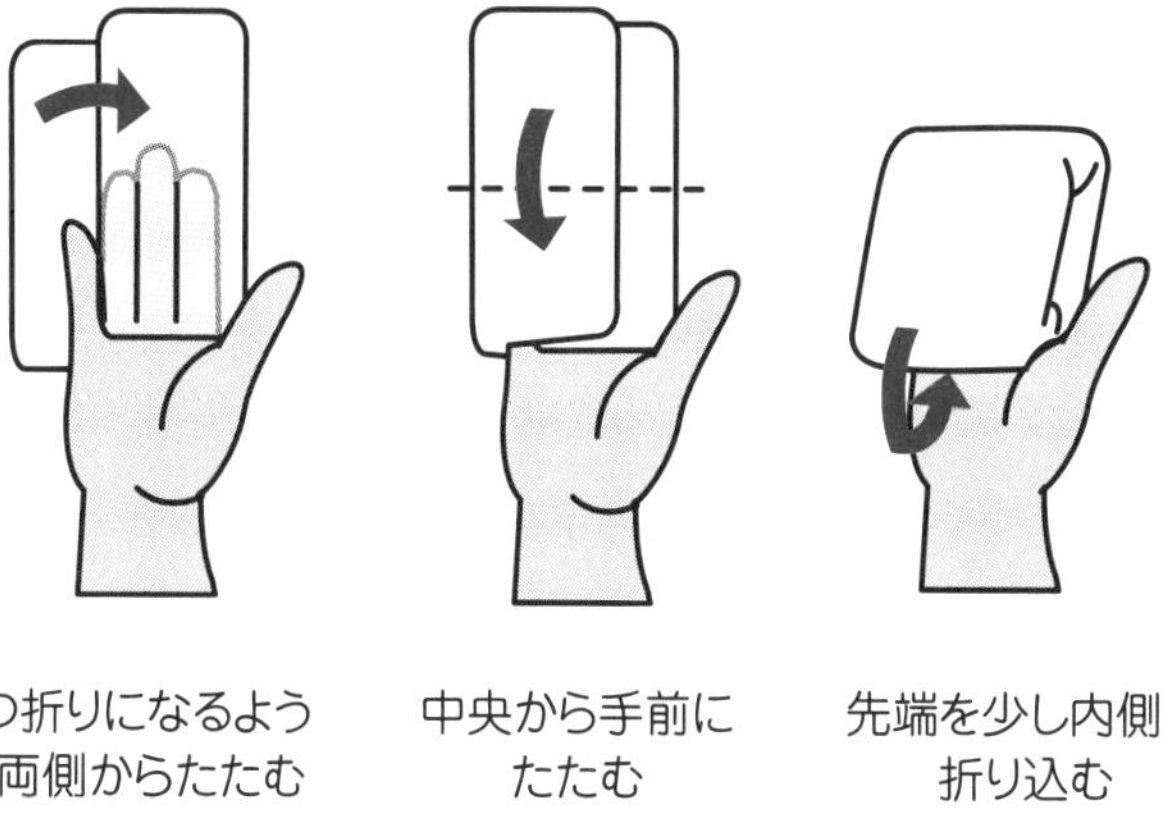
3つ折りになるよう
に両側からたたむ
中央から手前に
たたむ
先端を少し内側に
折り込む

介助が必要になったら、あきらめず、無理をしすぎず、排泄の方法を選ぶ

高齢になると夜間、トイレにいく際に転びやすくなります。何度もトイレにいく「夜間頻尿《ひんにょう》」の場合は、医療機関で相談するとよいかもしれません。環境面では、**センサー式の足元灯**を設置するなどの転倒対策をすると安心です。

自力では起き上がれないけれど、立つことはできるという男性のお宅を訪問したことがあります。その方は「体が不自由になってもできる限り自分でトイレにいきたい」という思いを実現するため、**立ち上がりを補助するリフトを使ってトイレまで移動**していました。移動のためにリフトや階段昇降機、ホームエレベーターを設置している人もいます。

トイレまでの移動が難しい場合には**ポータブルトイレ**を設置する方法もあります。脱臭やシャワー機能、暖房便座、電動昇降機能があるなどさまざまなタイプがあります。尿意の自覚があり自分であてがえれば自動採尿器や尿器・便器を使用する選択もできます。日中はトイレやポータブルトイレを使い、**夜間は吸収量の多い尿パッドや紙おむつを使う方法もあります。**多量の尿を吸収するうえにむれない、高機能のおむつが販売されています。

状態に応じて選択を

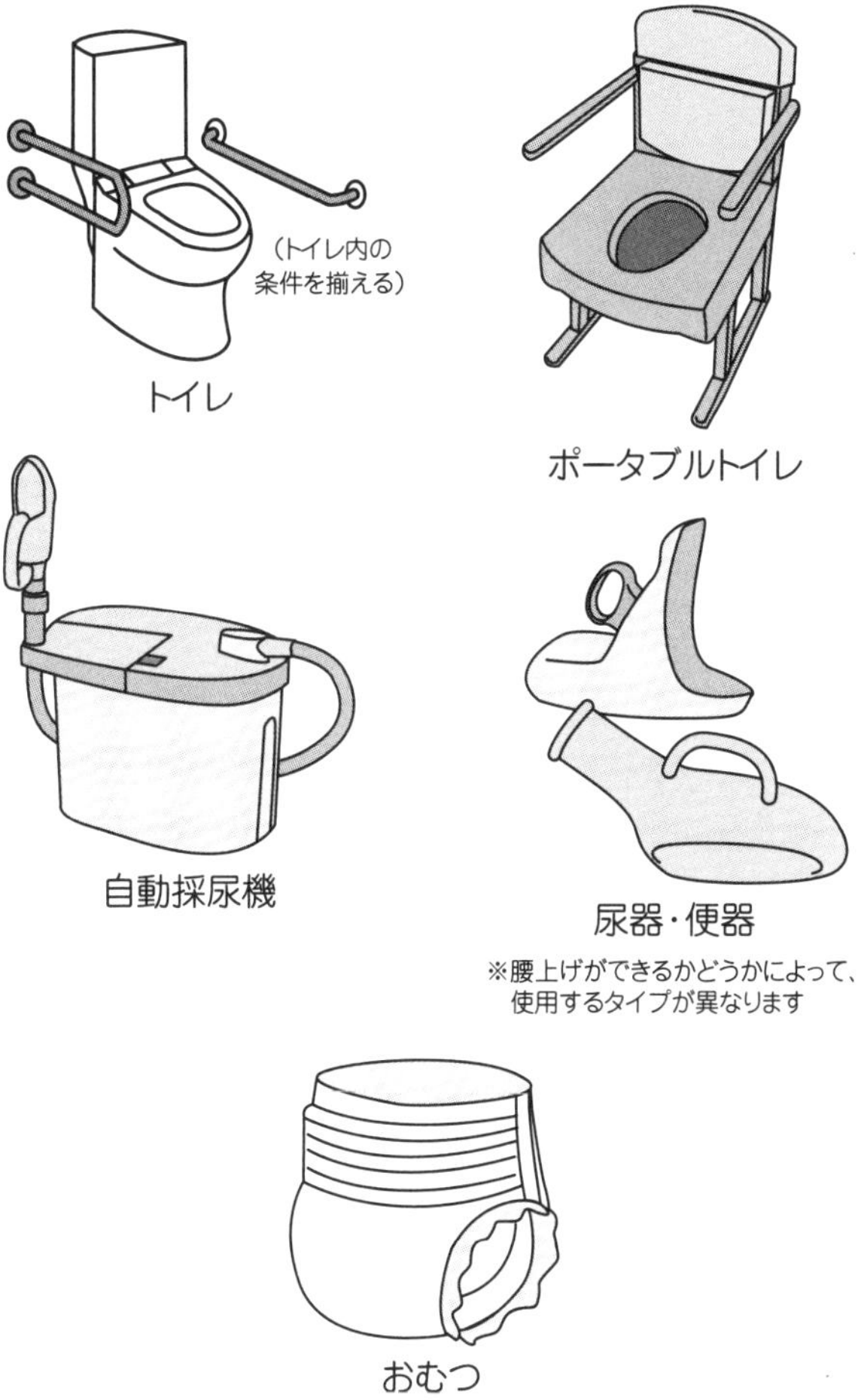
（トイレ内の
条件を揃える）
トイレ
ポータブルトイレ
自動採尿機
尿器・便器
※腰上げができるかどうかによって、
使用するタイプが異なります
おむつ

日頃から相談できる先を見つけておこう（ワンポイント・アドバイス）

介護のさまざまな困りごとに電話で応じる相談サービスがあります。主体は自治体や民間の団体のほか、企業の福利厚生サービスとして提供されている場合もあります。

私自身も祖母の介護をしていたときに電話相談を利用したことがありますが、そのときは、私が当時利用していたサービス事業者の批判などをまくし立てられ、かえって不安になったことがありました。

相談員の顔が見えないということは、メリット、デメリットがあります。メリットとしては、しがらみがなく、顔が見えない相手に**本音でいいたいことがいえる**、デメリットとしては相談員が相談者が抱える事情や相談者が住む地域の環境などを理解していないため、**回答が的外れになる場合がある**といった点です。

脳性麻痺《まひ》の障害を持つ熊谷晋一郎《くまがやしんいちろう》さん（東京大学先端科学技術研究センター准教授）が**「自立とは依存先を増やすこと」**と述べていらっしゃいますが、それは独居の高齢者についてもいえること。試行錯誤《しこうさくご》しながら日頃から相談できる先をいくつか見つけておくことは、老後安心な生活を送るための知恵なのではないでしょうか。

Part2

退院後でも安心
心強い在宅医療サービス

40代、50代でも起こり得る脳卒中。ひとり暮らしで突然、発症したら…

私の祖母は風呂場でクモ膜下《まくか》出血を発症しました。幸い自宅で仕事をしていた私が発見し救急車を呼びましたが、ひとり暮らしの場合、このような脳卒中や心筋梗塞《しんきんこうそく》を発症したらどうすればよいのでしょうか。最近は40〜50代の働きざかりの人が脳卒中になるケースも増えているようです。マンションでひとり暮らしをしていた知人のAさん（40代）は、先日自宅で脳梗塞を発症し、声を出すこともままならない状態だったため、とっさに外に出たといいます。エレベーターの前でぐったりしていたAさんをタイミングよくマンションの住人が見つけて救急車で運ばれたそうです。

たとえ発声ができない状況でも119番通報ができれば住所の特定も不可能ではないようですので、あきらめずに試みましょう。携帯電話の場合、電波状態によっては正確に表示されないケースもあり、発信者情報が表示される固定電話のほうがよいようです。**万が一の事態に備え、ボタンを押すだけで救助の要請ができるなどの機能がある「緊急通報サービス」**の設置を検討してもよいでしょう。

こんな症状があったら119番

「あやしい」と思ったら早めに対応を

- 突然しびれが生じたり、片側の手足に力が入らなくなる
- ろれつがまわらない
- 痙攣《けいれん》が止まらない
- 視界が狭くなったり、目の前のものが二重に見える
- ふらつきがあり、立てなくなる
- 突然の息切れや呼吸困難
- 物をのどにつまらせた
- 事故や転倒で強い衝撃を受けた
- 広い範囲のやけど
- 大量の出血がある

◆救急車を呼ぶか迷った場合、かかりつけ医に相談するか「救急安心センター事業」の活用を。#7119をプッシュすると相談員が判断し、緊急性が高い場合は迅速な緊急出動につなぎます(ただし、現在は東京都、横浜市、埼玉県、大阪府、神戸市、札幌市などの一部地域のみで実施)

万一に備えて、さまざまな緊急通報サービスを知っておこう

自宅で倒れた際、119番通報ができない場合もあります。そうした場合に備えて緊急通報サービスを利用する方法もあります。緊急通報サービスには「**駆けつけ型**」や「**センサー型**」などがあります。

駆けつけ型はホームセキュリティをおこなう会社などが実施しており、設置型の機器や首にかけられるペンダントタイプのボタンを押すと警備員が駆けつけます。自治体が提供しているひとり暮らし向けのサービスで、駆けつけ型のサービスが利用できる場合があるので確認してみましょう。

「センサー型」は一定時間反応がない場合に緊急連絡をします。

私は民生委員の活動で高齢者のお宅にお弁当の配達をしていましたが、過去には、訪問しても応答がなく、高齢者が亡くなっていたことがあったそうです。ひとり暮らしで親戚とは疎遠《そえん》になっており、近所づきあいもない場合、「お弁当の配達がなければ死後何日間も経過してから発見された」という事態になっていたかもしれません。

安否確認・緊急通報サービスの例

- **ライフラインで見守る**
  - ・ガスの利用状況で見守る
  - ・電気の使用状況で見守る
- **家電で見守る**
  - ・テレビで見守る
  - ・電気ポットで見守る
  - ・携帯電話で見守る
- **地域の住民による「見守りネットワーク」**
- **民間の緊急通報サービス**
- **自治体による緊急通報サービス**

※上記のサービスは複数の企業や多くの自治体がおこなっています。「見守り」のサービスは離れた場所に家族が住んでいる場合などに有効です

入院や入所に必要な身元保証。代行事業者を利用するかは慎重に検討を

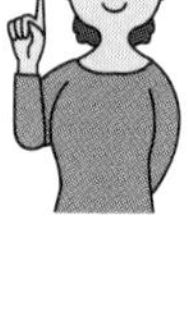

施設の入所や病院への入院をする際、身元保証人を求められるケースが多くあります。

2021～22年に総務省がおこなった調査では病院・施設の9割以上が身元保証人を求めていることがわかりました。近年ひとり暮らしの高齢者が増え、身元保証人が立てられないケースがあることから、身元保証を代行する事業者が増えていますが、同事業を営む公益財団法人による不正が発覚したほか、「高額な契約料を請求された」「解約時にお金が返還されない」などのトラブルも起きています。

厚生労働省では「**入院・入所希望者に身元保証人がいないことは、サービス提供を拒否する正当な理由には該当しない**」と説明しており、指導・監督の権限がある自治体に不適切に扱わないよう対応を求めています。身元保証人に求められる役割には利用料などの支払い、緊急時の対応、荷物の片づけや部屋の明け渡しなどがあり、なかには成年後見制度（126ページ参照）、死後事務委任契約（182ページ参照）、ホームロイヤー契約（※）で対応できる場合があります。代行事業者に契約する前に今一度必要かどうかを慎重に検討しましょう。

※ホームロイヤー契約…見守り契約、財産管理契約、任意後見契約などを通じ、弁護士が継続的に高齢者の日常生活を支援する契約の総称

入院時に身元保証人が必要な医療機関の割合

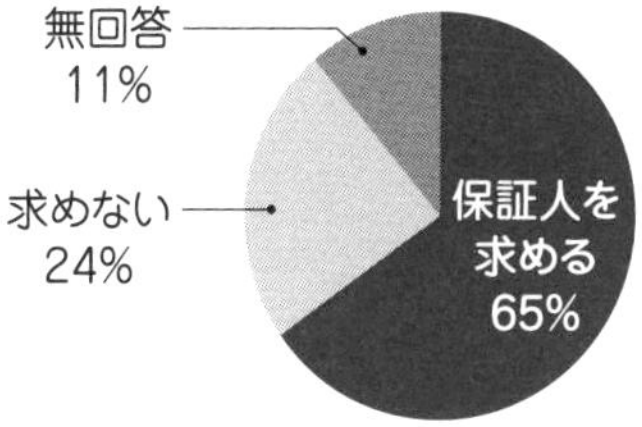

参考：平成29年度、30年度厚生労働科学研究費「医療現場における成年後見制度への理解及び病院が身元保証人に求める役割等の実態把握に関する研究」

医療機関の6割が保証人を求める

困ったときに頼れる人がいない人の割合

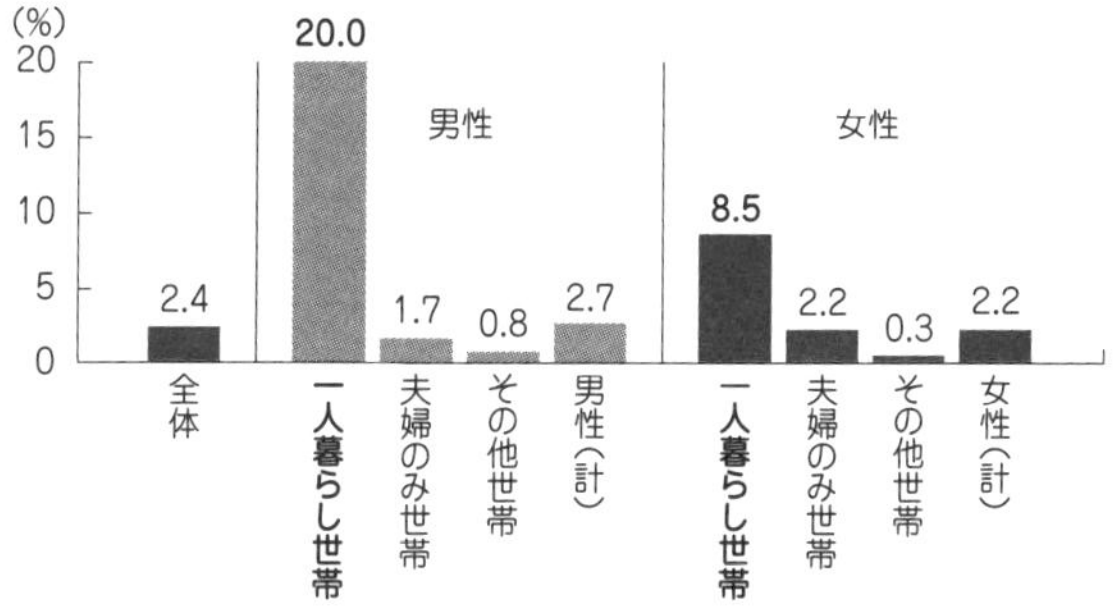

参考：平成27年版「高齢社会白書」

身元保証代行事業者とのトラブル事例

- 高額な預託金の支払いを急《せ》かされた
- 契約内容がよくわからず高額なので解約したい
- 頼んでいないサービスも含まれていた
- 約束されたサービスが提供されないので事業者に解約を申し出たところ、説明のないまま精算された

入院中、医療ソーシャルワーカーに話すことで課題が整理される場合も

脳卒中などで入院する事態となったとき、退院後の生活を不安に思うはずです。多数の**診療科を有する大きな病院には医療ソーシャルワーカー（ＭＳＷ）がいます。**ＭＳＷは患者やその家族が抱えるさまざまな相談に応じ、解決のために調整や援助をおこないます。ＭＳＷでも解決できないことはありますが、誰かに話すことで気持ちが楽になったり、課題が整理できることもあるかもしれませんので、ＭＳＷとの面談を依頼してみましょう。

私も祖母の入院中、ＭＳＷと話す機会があり、「これから自宅で介護をする覚悟はあるのですか？」などと厳しい言葉をかけられたり、退院後の生活をイメージするべく、訪問看護師の話を聞く機会をつくってもらったりしたことを覚えています。

ＭＳＷは院内の「地域医療連携室」という部署に配置されているケースが多く、**介護が必要な患者が医療機関に入院する際に他の機関と連携して調整をおこなう**一方、患者が退院した後で**他の機関と連携し、患者の生活をサポートする**役割も果たします。我が家では一度退院し、再び治療が必要になった際などに地域医療連携室へ連絡をしていました。

退院後の方向を決めるチェックリスト

- ☑ 退院時の本人の状態と今後の希望を確認
- ☑ 自宅か、転院か施設に移るか
- ☑ 病院や施設の場合は終身か、一時的に利用するか
- ☑ 経済的な負担は誰がどの程度担うのか
- ☑ 介護のための家の環境は整っているか

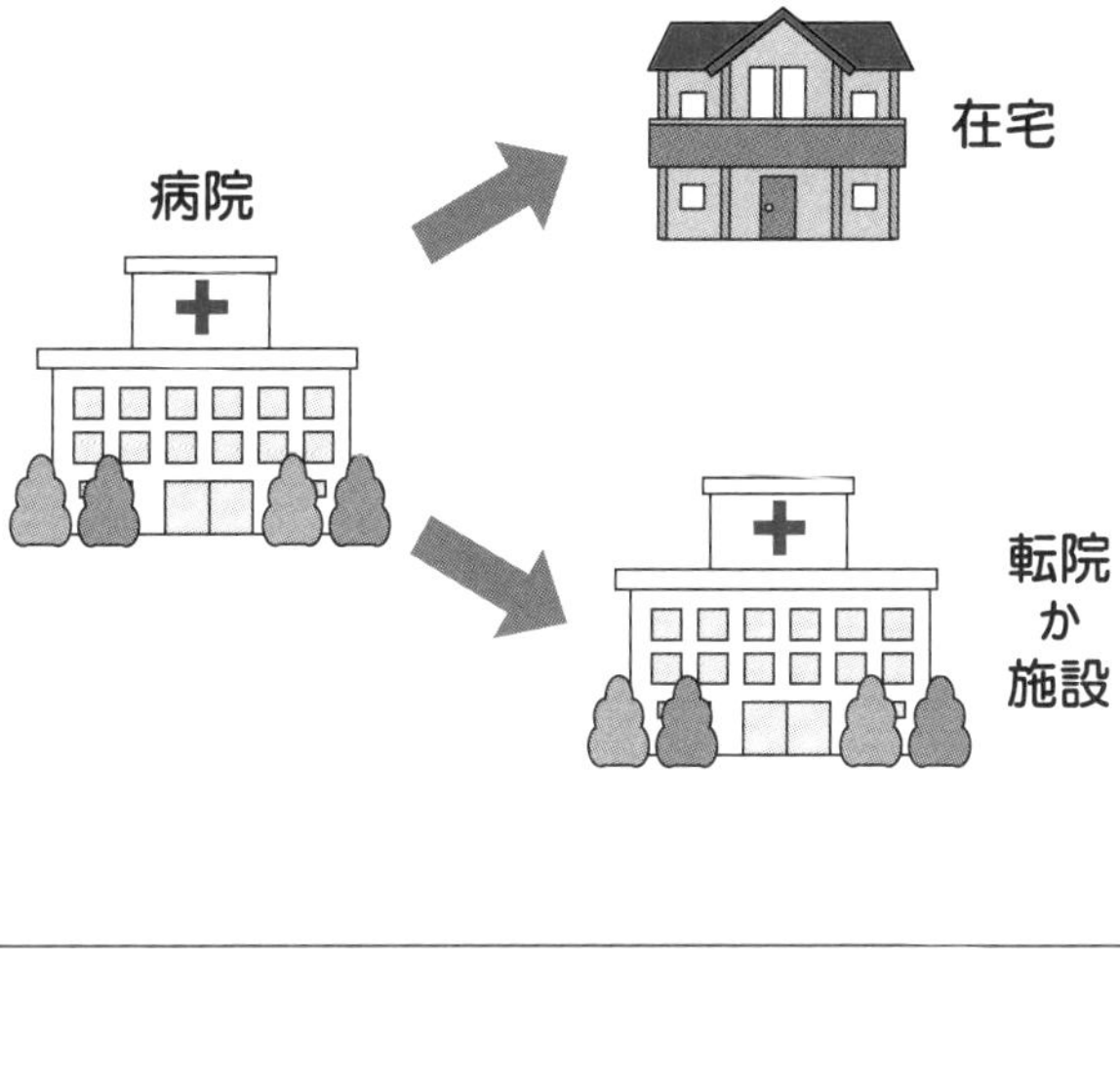

退院して自宅に戻る場合は さまざまな専門職が支えてくれる

退院後、介護サービスを利用したい場合は地域医療連携室やＭＳＷに相談しながら決めるとよいでしょう。入院中でも病状が安定していれば介護保険の申請（窓口には家族や居宅介護支援事業者などに代行してもらう）も可能ですし、要介護認定の調査も病院でおこなえます。

一方、入院前にすでに介護サービスを利用していてケアマネジャーが決まっている場合は地域医療連携室から退院までのスケジュールをケアマネジャーに伝えてもらいます。退院が近づいてきたら「退院前カンファレンス」がおこなわれることがあります。

在宅での生活に向けた準備のため、**病院の看護師やケアマネジャー、訪問看護師、ヘルパーらが集まって顔合わせや話し合いをおこないます。**ひとり暮らしの高齢者、自立した生活が難しくなった人でも住み慣れた地域で自分らしく最後まで暮らし続けることができるよう地域全体で支え合うしくみを「**地域包括ケア**」といい、さまざまな専門職や機関が連携して取り組むことが必要だといわれています。介護が必要になっても地域にはあなたを支えてくれる人がいるので安心してください。

在宅医療を支えるさまざまな専門職

歯科医師・歯科衛生士
歯の治療をはじめ、口の清掃方法などを指導します

医師
定期的に訪問し、診察や治療をおこないます

看護師
主治医の指示のもとで医療的な処置などをおこないます

地域医療連携室
病院の一角に設けられ、MSW（医療ソーシャルワーカー）などが退院時に患者や家族の相談に応じるほか、再入院時の対応などもおこないます（病院によって名称が異なる場合があります）

薬剤師
処方された薬を届け、服薬指導、残薬の確認などをします

福祉用具専門相談員
在宅療養者の希望や状況に応じ、福祉用具に関するアドバイスやレンタルをおこないます

地域包括支援センター
地域における高齢者の総合相談窓口です。「要支援1・2」と認定された人の介護予防サービス計画を作成します

介護福祉士・ヘルパー
食事や入浴、排泄などの介護や調理、洗濯、掃除、買い物などの家事援助のサービスを提供します

介護支援専門員（ケアマネジャー）
「要介護1〜5」と認定された方の介護サービスの手配・調整も行います。要介護者と家族の相談に応じます

PT・OT（理学療法士・作業療法士）など
生活上の問題の改善や軽減をはかり、自宅での生活が継続できるようリハビリテーションをおこないます

医療が必要になっても自宅で暮らし続けることはできる！

入院したことのある方ならおわかりかと思いますが、病院では食事や入浴が制限されたり、ベッド上で安静に過ごすことを強《し》いられます。病院では治療することが優先されるからです。一方、**在宅医療で優先されるのは医療よりも「生活」で、医療は生活に必要な1つの要素だと捉えています。**足が不自由になった場合でも自分自身でベッドから起き上がりトイレまでいくにはどうしたらよいかといったことを医学的な視点から検討し、サポートするのが在宅医療です。

在宅医療には「訪問診療」と「往診」があります。訪問診療は病状が安定していたとしても医師が定期的に利用者の自宅を訪問し診察をおこないます。一方、「往診」は急な発熱などの際に利用者が医師に依頼してきてもらうことです。往診や訪問診療は医療保険が適用されますが、介護保険の居宅療養管理指導を併用されるケースもあります。

医療保険では医療処置や投薬治療が施されますが、居宅療養管理指導の場合は健康のためのアドバイスや服薬の指導などをおこなうことが目的となっています。

「往診」「訪問診療」「居宅療養管理指導」の違い

往診	「突発的」に起きて、すぐに病院へいけない事情がある場合、医師が患者の元へいき、応急的な診療、処置をおこなう
訪問診療	患者の求めに応じて医師が「計画的」に自宅を訪問し、診察、処置を「継続的」におこなう
居宅療養管理指導	医師や歯科医師などの専門職が、利用者宅を訪問し、自宅で生活する上での注意点などを指導する。訪問回数は月2回まで

- 往診と訪問診療は基本的には医療保険が適用されます
- 居宅療養管理指導は介護保険が適用されます

がんを患っても、住み慣れた家で穏やかに暮らす

日本人の死因として最も多いがん（悪性新生物）。がんにはさまざまな痛みがあります。不安や怒り、うつなどの精神的な痛み、退職し経済的に苦しくなるといった社会的な痛み、そして体で感じる身体的な痛みなどです。在宅医療ではからだとこころの痛みを和らげる〝緩和《かんわ》ケア〟もおこないます。住み慣れた家で自由に過ごし、穏やかな生活をすることは精神的な痛みを緩和してくれるのではないでしょうか。

痛みを緩和する薬剤としては口から飲む薬、皮膚に貼る薬、お尻に入れる座薬、口のなかの粘膜から吸収する薬、注射薬があります。在宅医療でモルヒネなどの医療用麻薬を処方されることもあり、その際は薬剤師が訪問して飲み方や保管方法の指導をおこなうことがあります。在宅医療を担う医療機関のなかでも**「在宅療養支援診療所」と「在宅療養支援病院」は24時間連絡を受けられる医師または看護師がいることなどが要件**となっています。**訪問看護ステーションでも24時間対応な体制を整えているところがあります。**痛みを感じたり、薬の副作用で苦しいときにも対応してくれる医療機関を選ぶとよいでしょう。

在宅療養支援診療所とは

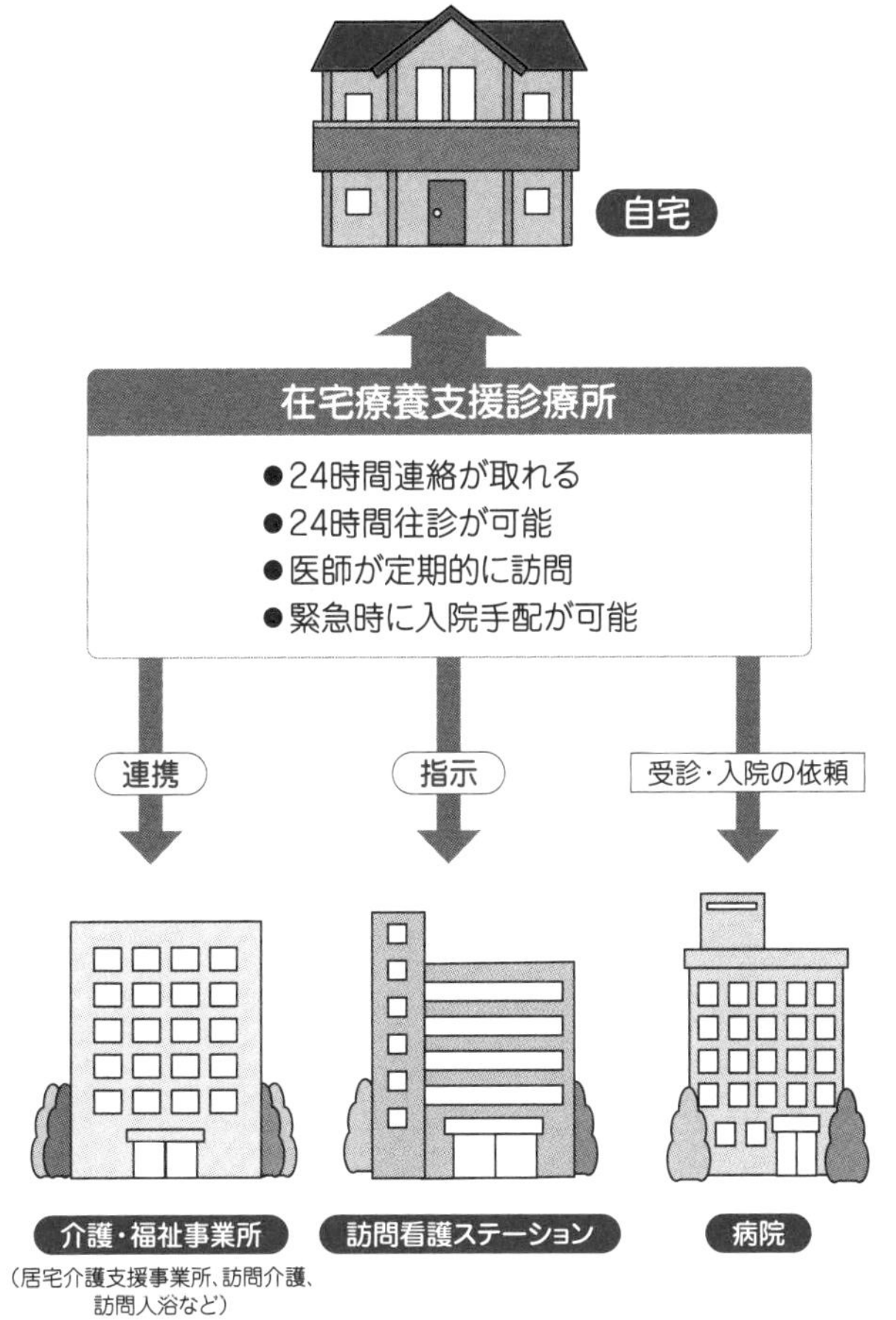
自宅
在宅療養支援診療所
●24時間連絡が取れる
●24時間往診が可能
●医師が定期的に訪問
●緊急時に入院手配が可能
連携
指示
受診・入院の依頼
介護・福祉事業所
（居宅介護支援事業所、訪問介護、
訪問入浴など）
訪問看護ステーション
病院

訪問看護師による心強い医療のサポート

医療的な処置やリハビリが必要な状態でも病院から退院を促されることがあります。自宅で医療を受けながら生活することを選択した場合、頼りになるのが「訪問看護」のサービスです。**訪問看護師は主治医の指示に基づいて医療的な処置やアドバイスをおこないます。**そのほか、**リハビリテーションやマッサージ、入浴の介助や清拭《せいしき》、排泄ケア**などもおこないます。

私が介護をしていた祖母は医療的ケアが必要な状態で、胃ろう（胃に穴をあけて専用のチューブを入れて栄養を注入する）や気管切開（のどぼとけの下に穴を開けて気管に短いチューブを入れる処置）など複数の管が体に入っていました。月に2回程度の医師による訪問診療だけでは不安でしたが、週2回訪問看護師によるサポートがあり、心強かったのを覚えています。

24時間対応で訪問看護をおこなう事務所もあり、自宅で最期を迎えたいという希望がある場合は、訪問看護師やヘルパーが連携して利用者のサポートをおこないます。

訪問看護師がおこなうサポートの例

主治医との連絡調整

症状の観察

医療器具の管理

カテーテル類
酸素吸入
呼吸器など

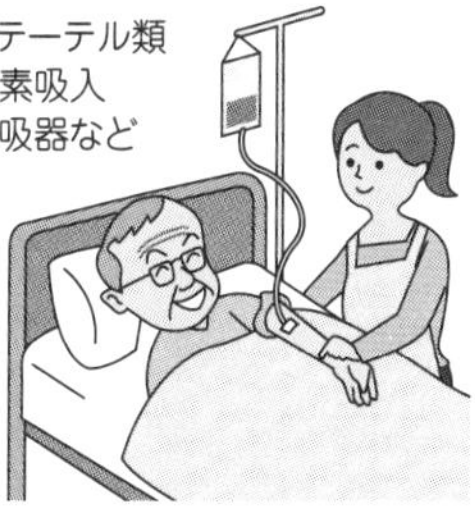

リハビリテーション

拘縮予防、
体の動かし方
訓練の方法

床ずれの予防及び手当て

床ずれの処置及び
アドバイス

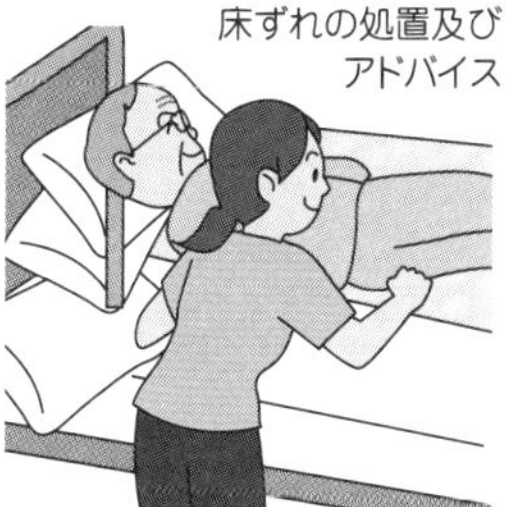

終末期のケア

看取りの支援など

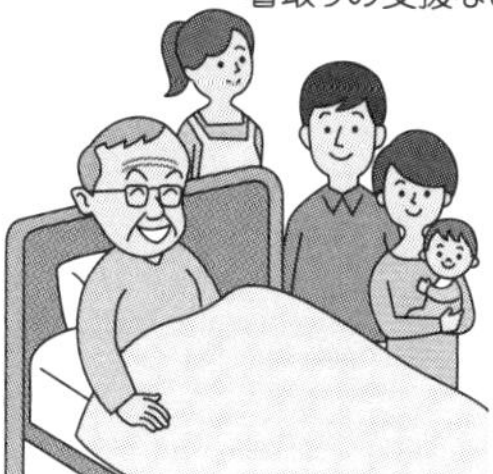

自宅でリハビリテーションをおこなう大きなメリットとは

クモ膜《まく》下《か》出血を発症した私の祖母は右半身麻《ま》痺《ひ》などの後遺症がありました。祖母は洋画家でしたので、私たち家族は麻痺がないほうの手にペンを持たせ、絵を描いてもらいました。それが祖母にとってのリハビリで、私たち家族にとっての楽しみとなっていました。「リハビリテーション」（Rehabilitation）は、re（再び）とhabilis（適した）という言葉から成り立っています。つまり、**体の機能を回復させることではなく、「再び自分らしく生きること」が重要**で、そのための活動がリハビリテーションだといえるでしょう。

介護保険の要介護1〜5の認定を受けた人は、理学療法士（PT）、作業療法士（OT）、言語聴覚士（ST）といった専門職が自宅を訪問する訪問リハビリテーションのサービスを受けることができます。自宅は病院の機能訓練室のようにリハビリ機器もなく、スペースが限られるうえ、段差があるなどの不便さもありますが、実際の生活の場でおこなう訓練のほうが病院よりも効果が高まる場合もあります。またその人が生活する場を見ながら専門職が手すりの設置や福祉用具の選定などの助言ができるのもメリットです。

リハビリテーションをおこなう専門職

理学療法士（PT）	病気やけが、加齢などによって運動機能が低下している人や低下が予想される人の機能の回復や維持をサポートします。座る、立つ、歩くなど、日常生活をおこなううえで基本となる動作の改善を目指します
作業療法士（OT）	身体あるいは精神に障害を持つ人、または障害の発生が予測される人が対象で、「食事」「歯磨き」「入浴」など、その人らしく生活するために必要な、動作の回復を図ったリハビリを提供します
言語聴覚士（ST）	脳卒中などが原因で起こる、コミュニケーション機能の障害を持っている人に対し訓練や指導などをおこないます。摂食に関する疾患にも対応しており、食事の飲み込みなどの改善を目指したリハビリもおこないます

歯科、眼科、皮膚科などの専門医が患者宅で診療

歯が痛いけれど歯科医院にいくことが難しいという人に、歯科医や歯科衛生士が自宅にきてくれる「訪問歯科診療」があります。訪問歯科診療は居宅療養管理指導のサービスの1つです。訪問歯科診療の取材をした際には、歯科医がその方の食事の様子を見て飲み込みの状態を確認していました。高齢になると「摂食嚥下《えんげ》障害」といい、食べ物や飲み物を口に取り込み、噛んで、口から胃に送り込む一連の動きがうまくいかなくなることがあります。訪問歯科診療では飲み込みの訓練もおこないます。さらに、食べ物や唾液《だえき》が誤って肺に入り、肺炎を起こさないよう口の中を清潔にしておくための指導をおこないます。

歯科医だけでなく、**最近は患者宅での診療に対応している眼科医や皮膚科医もいるようです。**私が在宅介護をしていた祖母も皮膚科医に診察を依頼していました。当時は診察を引き受けてくれる皮膚科医を探すために、皮膚科医会などに問い合わせたことを覚えています。何でも相談できる在宅医療の医師を中心に、患者や家族が望む専門医による診察も受けやすくなればいいなと感じています。

訪問歯科診療で行うこと

- 飲み込みのチェックやリハビリテーション
- 入れ歯の作製、修理、調整
- 口内を清潔に保つための指導
- 虫歯、歯周病の治療、予防

訪問歯科診療のながれ

① 予約　症状や要望を伝え、訪問する日程を決める

↓

② 自宅へ訪問　自宅以外にも介護施設などに訪問する場合も

↓

③ 相談　患者・家族の要望を歯科医や歯科衛生士が聞く

↓

④ 治療　口の中をチェックし、必要に応じて口内のケア、飲み込みのチェックをおこなう

自宅に薬剤師が薬を届けたり飲み残しの確認をするサービスがある

最近は薬局での待ち時間を減らすため、アプリを使って医療機関から受け取った処方箋《しょほうせん》を撮影し、事前に送るようにしています。薬の準備ができたらメールが届き、スムーズに受け取れます（P101イラスト参照）。

私が以前取材した薬局では、薬剤師が高齢者の自宅を訪問して薬を届けるサービスがありました。その際、薬の説明や自宅での薬の保管方法、残薬（薬の飲み残し）の確認、複数の薬の飲み合わせの相談などをおこなっていて、ひとり暮らしの高齢者も薬剤師の訪問を心待ちにしているようでした。年を重ねると薬の数が多くなり、飲み残しや飲み忘れが多いという調査結果もあります。複数の薬を服用している場合にはODP（One Dose Package）といい、1回分の薬を1つの小袋にまとめてくれたり、錠剤やカプセルで飲みにくい場合は粉状にしてもらうことができる場合もあります。

薬剤師が訪問するサービスは、患者が要支援もしくは要介護の認定を受けている場合には介護保険の居宅療養管理指導のサービスを利用することになります。

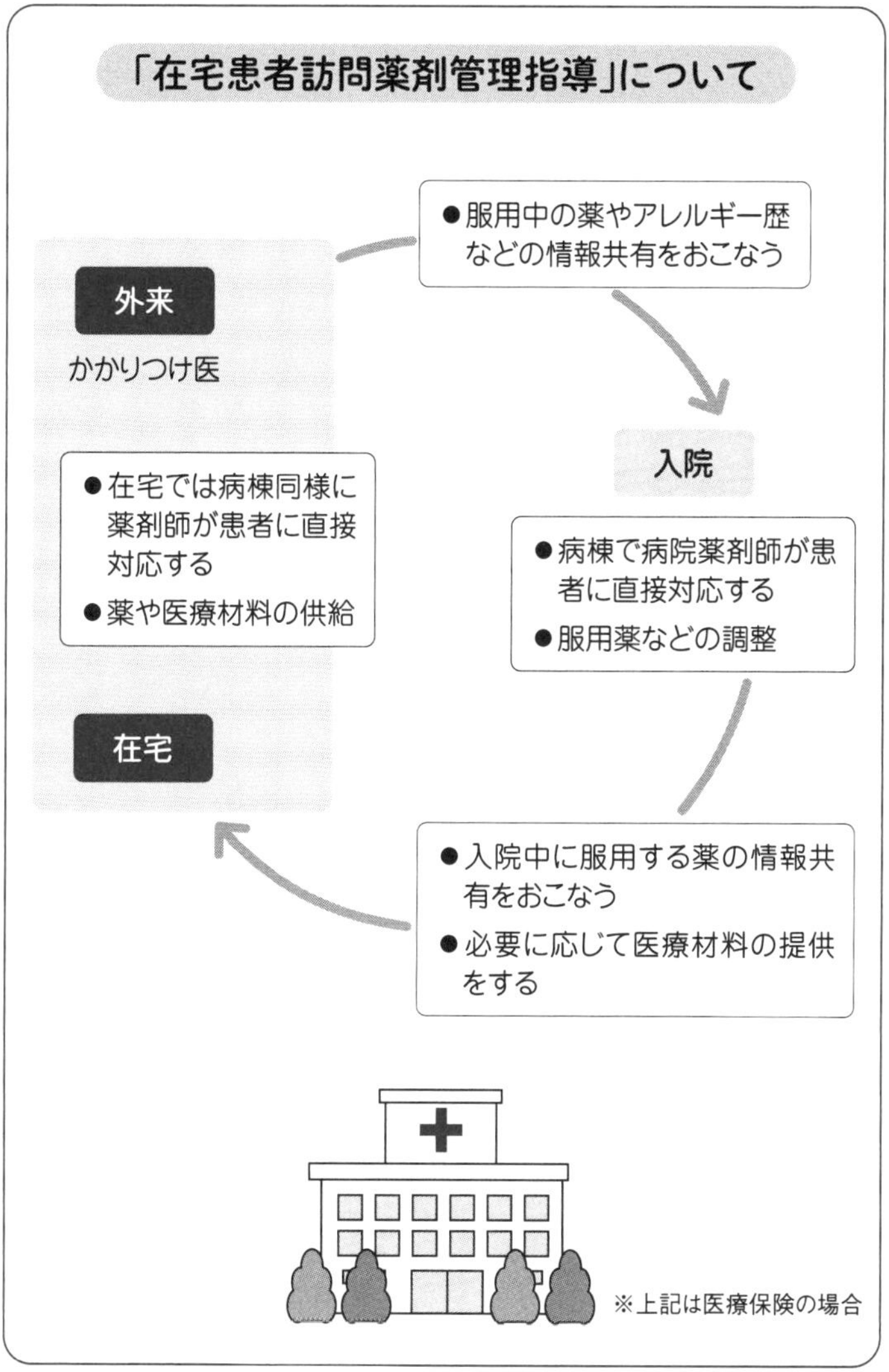
「在宅患者訪問薬剤管理指導」について
●服用中の薬やアレルギー歴などの情報共有をおこなう
外来
かかりつけ医
入院
●在宅では病棟同様に薬剤師が患者に直接対応する
●薬や医療材料の供給
●病棟で病院薬剤師が患者に直接対応する
●服用薬などの調整
在宅
●入院中に服用する薬の情報共有をおこなう
●必要に応じて医療材料の提供をする
※上記は医療保険の場合

管理栄養士によるアドバイスが日々の食生活を見直すきっかけに

ひとり暮らしの場合、毎日の食事は栄養バランスよりも手軽さや安さを優先してしまう傾向があるかもしれません。介護が必要な状態になればなおさらのこと、調理を必要としない手軽なものを選んでしまいがちになるでしょう。そんな状況にある人にとって、専門的な立場からのアドバイスを受けることは、自分の食生活を見直す機会となるはずです。

管理栄養士による**訪問栄養食事指導**を依頼すると、**介護が必要な人の自宅に管理栄養士が訪れて食事についての指導や助言をしてくれます。**

これまで私が取材した管理栄養士は、カップ麺ばかりを食べている人に乾燥わかめをプラスするように伝えるなど、簡単に継続できることを具体的に伝えていました。

そのほか、持病によって「あれはダメ、これはダメ」と食事内容を制限され食べる意欲を失っていた利用者に、食材や調理方法を工夫することでおいしく食べられる献立を提案したところ、食べる意欲を再び取り戻した利用者もいると話してくれた管理栄養士の方もいました。

こんな悩みが生じたら、「訪問栄養食事指導」の検討を

- ☑ 食べる量が減ってきて心配
- ☑ 体重が減らない
- ☑ 食べるとむせることが増えた
- ☑ 飲み込みがスムーズにできないことがある
- ☑ 栄養バランスが気になる
- ☑ 退院後の食事をどうしたらよいか不安
- ☑ 糖尿病や腎臓病で制限があり食事が楽しめない

「訪問栄養食事指導」の対象者

- 介護保険の要支援、要介護認定を受けている、または医療保険を利用していて通院が難しい人
- 治療のために特別な食事管理を必要とする人
- 医師に訪問栄養食事指導の実施が必要と判断された人

●訪問時間は1回につき約30分～1時間程度で1か月で2回まで利用できます

ヘルパーに湿布を貼ってもらう行為はルール違反になる？

私が介護をしていた祖母は痰《たん》の吸引と胃ろうによる経管栄養などの医療的な処置が必要で、家族はつねに見守りが必要でした。2012年4月からは、医療や看護と連携をはかり、一定の条件を満たせば介護職でも痰の吸引や経管栄養などの処置ができるようになりました。ヘルパーでも医療的な処置が可能になったことで家族は自分の時間が持てるようになったのです。

2005年に厚生労働省から出された通知では**「体温計を用いた体温測定」「自動血圧測定器で血圧測定」「パルスオキシメーターの装着」「軽い切り傷、擦《す》り傷、やけどなどの処置」「軟膏を塗る（褥瘡《じょくそう》〈115ページ参照〉の処置は除く）」「湿布を貼る」「目薬を差す」「薬を飲ませる」「座薬を挿入《そうにゅう》する」**といった行為も医療行為にあたらないとしています。

いずれの場合も患者の状態が安定しており、医師や看護師による容態観察が必要でない場合に限られます。トラブルを避けるためにもサービスを提供する側、される側の双方で医療的な処置の内容について確認しておくことも大切です。

介護職に頼めること、頼めないこと

☞ 介護職には以下のようなことも頼めます！

- 体温計を用いた体温測定や自動血圧測定器を用いた血圧測定
- 酸素濃度測定器（パルスオキシメーター）の装着
- 軽微な切り傷や擦り傷、やけどの処置（ガーゼ交換も含む）
- 湿布の塗布、軟膏塗布（褥瘡の処置は除く）、点眼、座薬の挿入、鼻腔粘膜への薬剤噴霧の介助
- 服薬介助（薬を飲ませる）

※医師法や歯科医師法、保健師助産師看護師法等の法律上において「医療行為」とされているものの、以下の行為は規制の対象外で、介護サービスの利用者に異常がない場合はおこなえます。ただし本人や家族の同意、医師や看護師の指示が必要なものが含まれているので事前に確認しましょう↓

- 爪切り、爪やすり
- 耳掃除などの簡易的な整容（耳垢塞栓《じこうそくせん》の除去は除く）
- 口のなかのケア
- ストーマの排泄物の廃棄
- 自己導尿補助におけるカテーテルの準備
- 市販の浣腸器を用いた浣腸

☞ 「介護福祉士」や介護福祉士以外の介護職で一定の研修を修了した人には、以下のことが頼めます！

- 喀痰《かくたん》吸引（定期的に痰を取り除く）
- 経管栄養（管を通して栄養や水分を投与する）

※ただし、本人やその家族の同意が必要であること、医師や看護師との連携すること、医療者による監督のもとでおこなうこと、という条件はあります。事前に医師や看護師、ケアマネジャー、訪問介護事業所などに相談するとよいでしょう

☞ 「こんなことは頼めません！」

- 水銀式血圧計での血圧測定
- 入院治療の必要な人の酸素濃度測定器（パルスオキシメーター）での計測
- 軽微でない傷ややけどの処置
- 褥瘡の薬の塗布
- 摘便（直腸に指を入れて便を排出させる）
- 注射や点滴針を指す
- カテーテルの挿入出

夜間、「救急車を呼ぶほどでもない」助けがほしい場合は…

夜間でも排泄《はいせつ》の介助や体位交換、室温の調整などをお願いできる「夜間対応型訪問介護」というサービスがあります。

P114で紹介する「定期巡回・随時対応型訪問介護看護」は24時間対応であるのに対し、夜間対応型訪問介護のサービス提供時間は18時～朝8時までとなっており、ケアプランで定められた時間にヘルパーが利用者の自宅を訪問する「**定期巡回サービス**」、夜間に体調が急変したり転倒した際、利用者が専用の端末で連絡するとヘルパーが訪問する「**随時訪問サービス**」、さらに利用者から連絡を受けたオペレーターがその内容をもとに対応を判断する「**オペレーションサービス**」があります。

このサービスを利用できる対象として「要介護1～5」の認定を受けていること、事業所と同じ市区町村に住んでいることが挙げられます。

ひとり暮らしで、「夜間に救急車を呼ぶほどでもないけれど誰かの助けがほしい」という状況になったときなどに、頼れる心強いサービスといえるでしょう。

自宅で介護を受けることが難しいと思う理由

- 往診などをしてくれる医師がいない
- 急に病状が変わったときの対応が不安
- 誰(どこ)に相談すればよいのかわからない
- 療養できる部屋やトイレなどの住宅環境
- 経済的に負担が大きいから
- 訪問看護や介護の体制が不十分だから
- 医師や看護師の訪問が精神的負担になるから

上記の赤文字のような不安要素は「訪問診療」や「夜間対応型訪問介護」などのサービスを利用することで、解決できる場合があります

スマートキーを活用して ヘルパーらと鍵を共有すると安心

ベッドから起き上がれない要介護5の状態となっても、介護サービスを利用することでひとり暮らしを続けることができます。その際、スマートキーを活用すると便利です。スマートキーとは、スマートフォンなどで玄関ドアの施錠・開錠ができるシステムのことです。**訪問看護師やヘルパーがきたらスマートフォンの操作1つで解錠**できます。

私が祖母の在宅介護をしていた当時、深夜12時と2時、朝の6時にヘルパーに介助を依頼していましたが、当時はスペアキーを預けていました。ポストなど、鍵の隠し場所を伝えておくという方法もあるでしょうが、紛失や盗難が心配です。

その点スマートキーはアプリをダウンロードすることで解錠・施錠の機能を共有できるため、**夜間にサービスを利用したい場合は介助をお願いしているスタッフとスマートフォン上で鍵を共有することができます。**

現在、我が家でもスマートキーを使っていますが、帰宅の際に家が近づいてきたらスマートフォンを取り出して解錠し、鞄《かばん》から鍵を取り出すことなく入室できるので便利です。

玄関の鍵をヘルパーと共有するスマートキー

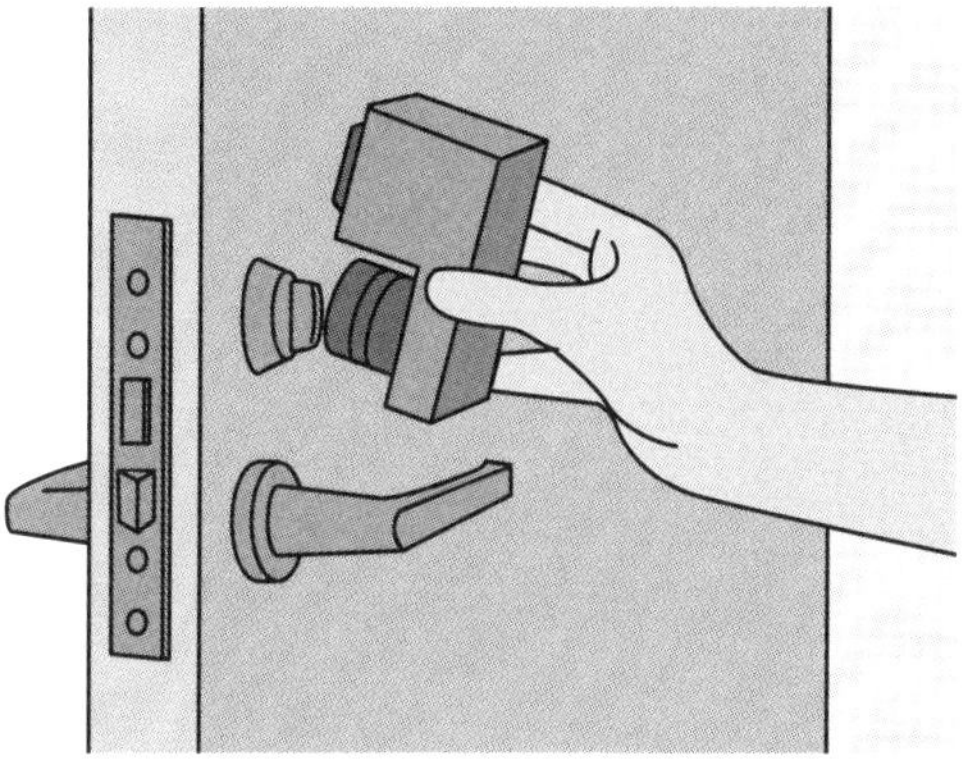

玄関のドアに取り付け、スマートフォンを使って施錠・開鍵ができる

スマートフォンで離れた場所からの操作も可能

医療が必要でもひとり暮らしを続けたい人は「かんたき」が心強い味方に

２０１２年度から始まった「**看護小規模多機能型居宅介護**（以下、看多機《かんたき》）」は、利用者が「**通い**」、必要なときに「**泊まり**」ができ、自宅への「**訪問**」もおこないます。後述の「小規模多機能型居宅介護」と異なるのは、**医療が必要な利用者への対応を依頼できること**です。

祖母の在宅介護をしていた当時、痰の吸引は、ヘルパーに頼むことができず、家族はつねに自宅にいる必要がありました。また一般のデイサービス（36ページ参照）は医療的な処置が必要な人は受け入れていないケースが多く、何件も問い合わせをしてすべて断られた苦い経験があります。

看多機はこのように医療が必要な人を介護している家族のニーズに対応できるサービスです。さらに、一日に複数回スタッフの訪問が可能ですので、医療が必要でもひとり暮らしの生活を続けることができるでしょう。退院後のサポートや、がん末期などで看取りの状態にある人、病状が不安定な人への支援もおこないます。ただし、看多機の利用中は併用できない介護サービスがあるので確認しておきましょう。

看護小規模多機能型居宅介護とは

看護と介護を一体的に提供するサービス

通い

泊まり

訪問介護

訪問看護

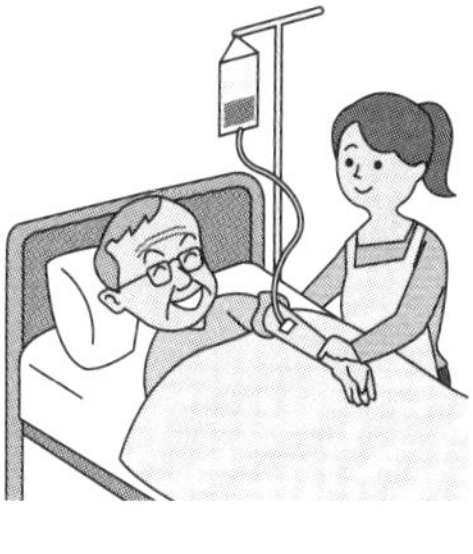

自宅か病院か？
自分の最期の迎え方を考える

私が10年ちかく介護をしてきた祖母は最終的には病院で息を引き取りましたが、亡くなる1週間ほど前までは自宅で過ごしていました。私が祖母を在宅で介護しようと決意したのは、大学病院で手術を受けた後に転院したケアミックス病院（一般病床以外に長期療養向けの病床がある病院）でずさんなケアを受けたことがきっかけでした。

入院時は日中の大半を車いすで過ごし、口からものを食べることができていましたが、寝かせきりの状態で、それまでできていたことが1つずつできなくなっていきました。病院内で院内感染が発生したり、大きな褥瘡《じょくそう》（床ずれ、115ページ参照）ができていたことを長いあいだ家族に知らされていなかったなど、次々と思いもかけない事態が起き、医師やスタッフとの信頼関係をまったく築くことができずにひどく悩んだ時期がありました。

結果的に在宅医療を決めるまでに遠まわりをしてしまいましたが、自宅では患者や家族が「主体」となって動くことができ、迷いながらも納得して前に進むことができました。

いずれ迎える自分の最期は、これまでの経験や価値観が反映されるように思います。

「在宅医療」のポイント

- 主役は「患者」（医師や看護師ではない）
- 医療が提供されるのは自宅（病院ではない）
- これまでの暮らしが継続できる（入院時のように「非日常」にならない）
- 終末期医療（看取り）をおこなう（救命のための「急性期医療」ではない）
- 苦痛を取り除く緩和医療がおこなわれる（完全に治すことが目的の根治療法ではない）
- 患者という人間が主体（「臓器」が主体ではない）
- 治療のあり方は患者・家族の意向を尊重（医療提供者からの強制ではない）
- 医師・看護師のほかに、介護サービス提供者、自治体関係者、ボランティアなどさまざまな人が関わる（病院関係者だけではない）
- 命の「質」が大切にされる（命の「長さ」が目的ではない）
- 病気や障害とともに生きる（病気や障害を「克服」するのではない）

死を受け入れるまで、あなたの心には こんな変化が起こります

人生の最終段階では、死を迎える時期をある程度予測できる場合もあれば、そうでない場合もあります。死を予告された人が死を受け入れることを「死の受容」（アクセプタンスオブデス）といい、世界的なベストセラーとなった『死ぬ瞬間』の著者、キューブラー・ロスによると、死を受け入れるまでの過程には、否認→怒り→取り引き→抑うつ→受容の5段階があるといいます。

近年、ＡＣＰ（アドバンス・ケア・プランニング）、いわゆる「人生会議」の重要性が唱えられています。**もしものときにどんな医療やケアを望むのかを事前に考え、家族や信頼する人、医療・介護従事者たちと繰り返し話し合い、共有する**ことです。

これまで日常的に関わりをもってきたかかりつけ医がいる場合は、すでに信頼関係ができており話し合いもしやすいでしょう。**かかりつけ医を軸《じく》に地域の医療機関とつながることができれば安心**です。一方、人生の最終段階で人との関わりを望まない人もいます。人生の最終段階での他者との関わり方を決めるのも自分自身です。

キューブラー・ロスによる死の受容過程

第1段階	第2段階	第3段階	第4段階	第5段階
否認	怒り	取り引き	抑うつ	受容

AD
（アドバンス・ディレクティブ）

患者あるいは健常な人が、将来自らが判断能力を失った際に自分におこなわれる医療行為に対する意向を前もって意志表示すること。「ひとりで自由にできる」のが特徴

↓ 発展

ACP
（アドバンス・ケア・プランニング）

ADと異なり、「ひとりではできない」。自分の価値観や望む治療、ケアを家族や医療関係者と繰り返し話して共有しておくこと。「人生会議」とも呼ぶ

医療と介護サービスに使った費用が高額になった場合は

医療や介護の自己負担が多くなった場合、負担を軽くする制度があります。**「高額療養費制度」**は、同一月にかかった医療費の自己負担額が高額になり、一定額（自己負担限度額）を超えたとき、超えた金額が後で払い戻されます。事前に「限度額適用認定証」の申請手続きをしておき、窓口で提示をすれば、支払う金額を自己負担限度額にとどめることができます。ただし、入院時の食事代、差額ベッド代などは対象外です。

一方、介護保険の自己負担額が一定以上となった場合には**「高額介護サービス費」**として上限額を超えた分の金額が戻ります。同じ月に利用した介護保険のサービスの利用者負担の合計（同じ世帯内に複数の利用者がいる場合は世帯合計）が自己負担上限額を超えたときに、その超えた金額が支払われます。福祉用具の購入、住宅改修費、施設での食費・居住費（滞在費）などの実費負担分は対象外です。

医療保険と介護保険における1年間の自己負担額が高額になった場合にその世帯の負担を軽くする**「高額医療・高額介護合算療養費制度」**もあります。

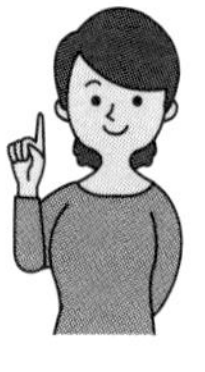

「高額療養費制度」申請の流れ

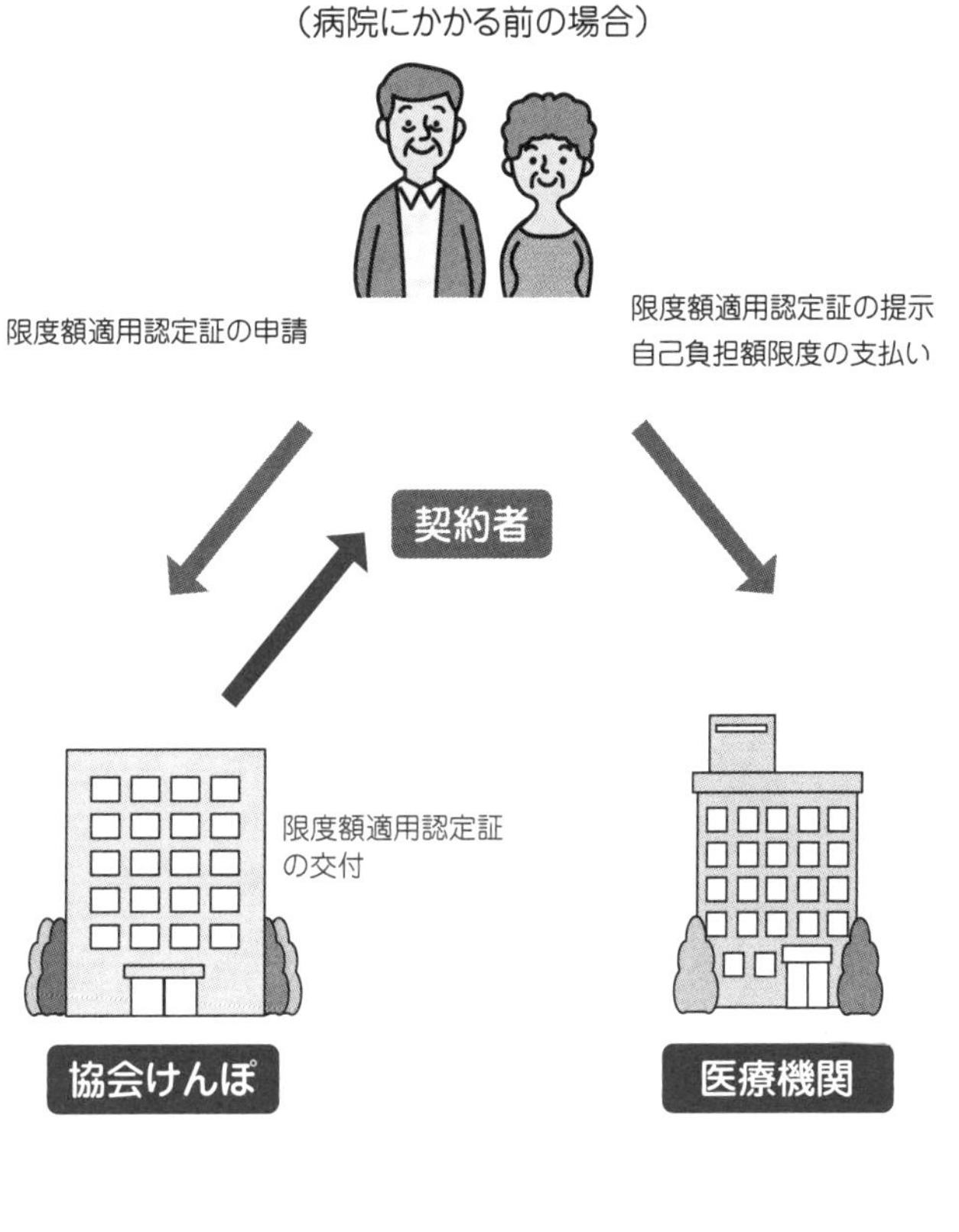

※病院にかかった後で月あたりの医療費が自己負担限度額を超えたことがわかったら、
申請をすると自己負担限度額を超えた金額が戻ります

在宅医療の費用の負担を軽くする民間の医療保険がある

「そろそろ退院を検討してください」。祖母がクモ膜下出血を発症した際に入院した病院から突然こういわれて驚いたことがあります。この背景には、医療費を抑えたいという国の政策により入院日数の短期化がおこなわれていることなどが挙げられます。

退院を促された患者が結果的に在宅医療を選択するケースが今後増えていくことが見込まれます。こうした流れを受け、**民間の医療保険で、基本の保険料に数百円から数千円を追加することで契約できる「在宅医療の保障付き特約」がある商品も登場**しています。ただし、**年齢や治療内容によっては給付の対象外となる**ので、民間の介護保険同様、事前に条件をしっかり確認してから契約することをおすすめします。

コロナ禍で電話やオンラインによる診療が注目されました。私は取材で海外に滞在中に体調を崩して電話による診療を受け、薬を処方された経験があり、その利便性を実感しました。薬の受け取りもオンライン化が進んでいます。一方、オンライン環境がなかったり、操作に不慣れなどの理由から、日常化するにはハードルが高いのが現状のようです。

便利になる医療のかたち

在宅医療

病院

＋

電話・オンラインによる診療

STEP1　STEP2　STEP3　STEP4

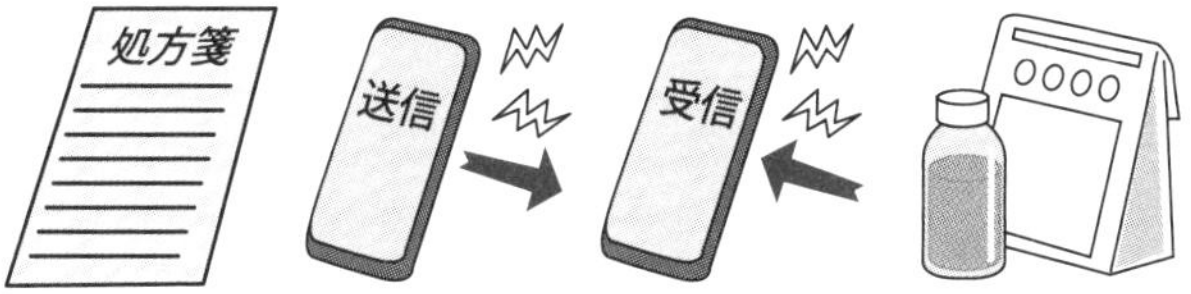

- STEP1：医療機関から処方せんを受け取る
- STEP2：処方せんを撮影して薬局に送信する
- STEP3：処方せんの受付通知に続き、調剤準備済み通知が届く（準備ができない場合には連絡がある）
- STEP4：送信しておいた処方せんの薬を受け取る

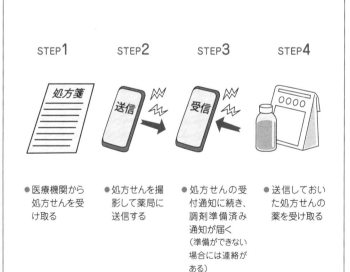

車いすや起き上がりが困難になっても移送サービスを利用すれば外出が可能に

つねに車いすが必要、もしくは自力では起き上がれない状態になった際、通常のタクシーでの移動は難しいかもしれませんが、通院などで外出が必要になることもあります。

そのような場合は車いすの対応が可能で介助のサービスも受けられる「**福祉タクシー**」や社会福祉協議会が運営する「**ハンディキャブ**」などを使って外出できます。一方、ストレッチャー（寝台車）が必要な場合は医療酸素や吸引機を設置していたり、介助スタッフの同行を依頼できる「**民間救急車**」があります。民間救急車は比較的高額ですが、NPO法人が運営する「福祉有償運送」（福祉有償移動サービス）は比較的安く利用できます。ただし、事前登録が必要な場合もあります。

昨今救急搬送のあり方が課題となっています。救急車の台数が限られるなか119番通報によって出動した救急隊が現場に到着して初めて患者が心肺蘇生《そせい》を希望していないことを伝えられ戸惑うケースも発生しているようです。自分の最期をどこで過ごしたいかということと同様に、急変時の対応についても考えておくことが必要なのかもしれません。

足代わりに使えるさまざまな移送サービス

●民間救急車

車いす、リクライニング車いす、ストレッチャー（寝台車）にも対応し、オプションで吸引機や医療酸素などの医療機器の設置や付き添い者を依頼することもできる。料金は高めに設定されている。転院に伴う搬送や通院時に依頼するケースが多い

●福祉タクシー

一般の車いすのほか、背もたれの角度が調整できるリクライニング車いすに対応しているところもある。転院に伴う搬送や通院時に依頼するケースが多い

●ハンディキャブ

市区町村の社会福祉協議会（社協）が運営し、社協により名称は異なる。利用登録のさいに年会費が徴収される場合があるが低額で利用可。一般の車いすに対応し、社協が位置する地域での移動に限定している場合もある。ドライバーが運転するほか、車両をレンタルしている場合もある

●福祉有償運送

福祉有償運送はNPO法人や社会福祉法人などの非営利法人が運営。上記の社会福祉協議会も該当する。NPO法人が運営している福祉有償運送では車いす、リクライニング車いす、ストレッチャー（寝台車）にも対応しており、オプションで付き添いを依頼できるところもある。比較的低額で利用できる

●介護タクシー

車いす、リクライニング車いす、ストレッチャー（寝台車）にも対応。介護保険が適用になる場合と適用外になる場合に分かれる。介護保険のサービスの「訪問介護」のサービスに「通院等のための乗車または降車の介助」があり、介護タクシーはこのサービスを指す。移動以外にも外出先でのサポートも行う。利用にあたっては要介護1～5に認定されていることが条件で、利用前にケアマネジャーに相談を。介護保険適用外の介護タクシーの場合、介助はおこなわず利用条件はない

悩んで、調べて、向き合って出した「胃ろう」という選択 ワンポイント・アドバイス

「胃ろう（PEG)」と聞くとネガティブなイメージをいだく人もいるかもしれません。胃ろうとは胃に穴をあけ、そこに管を通して水分や栄養を注入するしくみのこと。

私の祖母が医師からすすめられた際に、一度は拒みましたが、結果的に胃ろうを造設することを決めました。当初祖母は鼻から胃に管を通していましたが、週に一回の管の交換の際に苦痛の表情を浮かべていたことと、嚥下《えんげ》障害で十分な水分補給ができず、脱水状態になれば再び脳卒中を起こす可能性があったことがその理由です。

胃ろうを選択する前に私は**いろいろな情報を集めて調べました**。結果的に胃ろうをしてからは祖母の肌つやがよくなり、家族もいつ脱水症状になるかという不安をいだくことはなくなりました。そして、祖母にはときどき口からアイスクリームなどを食べてもらい、そのときの彼女の感激した表情はいまでも覚えています。

私たちは祖母の代わりにいろいろな「選択」をし、そのたびに**メリット・デメリットを整理し、何日もかけて答えを出しました**。それだけに「イメージ」で胃ろうについて語っている人に会うと複雑な思いになります。

Part3

もの忘れや認知症…
自力でここまで対応できる

気になるその症状
もの忘れか、認知症か？

以前、会ったことがある男性に先日再会しましたが、私の顔を忘れてしまったのか「初めまして」と挨拶《あいさつ》をされて戸惑いました。「先日、レストランの会合でご一緒しましたよね？」というと、「ああ、あのとき確かにご一緒しました。お店を覚えているということは、私はまだ認知症ではないかな」と巧みに話をそらされて苦笑しましたが、彼がいったことはあながち間違いではありません。

彼の頭のなかでレストランにいったという**記憶がすっぽり抜けていれば認知症、注文したメニューや、私の顔を忘れていたということであればもの忘れ**だといえるでしょう。

認知症といっても、「アルツハイマー型認知症」「前頭側頭型《ぜんとうそくとうがた》認知症」「レビー小体《しょうたい》型認知症」「脳血管性認知症」と大きく分けられ、その症状もさまざまです。

ひとり暮らしの場合は症状が誰にも気づかれぬまま進行してしまうケースもあるため、人と積極的に関わったり、不安があれば受診をするなど、早めに対策を講じておきたいものです。

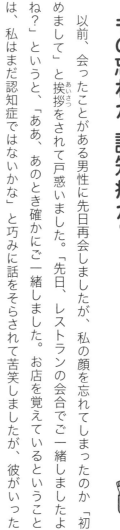

もの忘れと認知症の違い

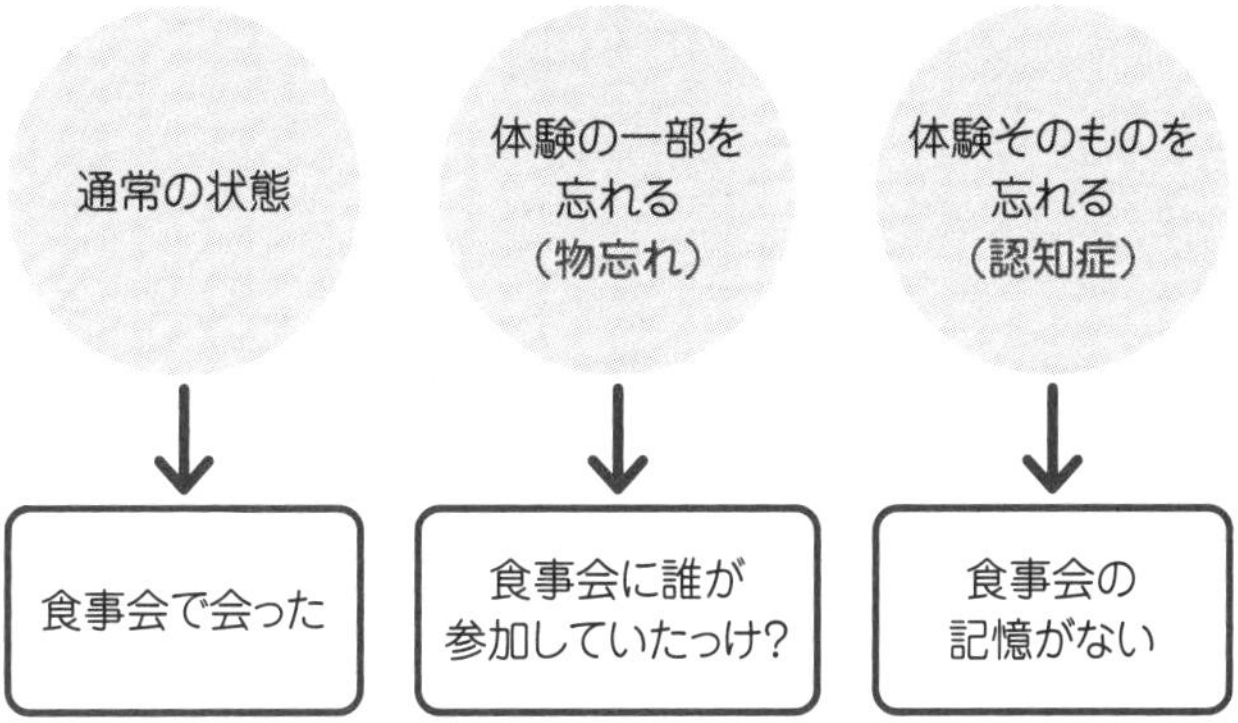
通常の状態
体験の一部を忘れる（物忘れ）
体験そのものを忘れる（認知症）
食事会で会った
食事会に誰が参加していたっけ?
食事会の記憶がない

四大認知症と各々の特徴

	アルツハイマー型	脳血管性	レビー小体型	前頭側頭型
経過	緩徐に、確実に進行していく	改善と悪化を繰り返す	緩徐に進行する（急激な場合もあり）	経過は緩やかだが、早期から人格変化や行動障害がある
身体の症状	とくになし	歩行障害 運動麻痺	動きが遅くなる 幻視、転倒、失神	反道徳的行為
人格の変化	しばしばあり（多幸、多弁）	比較的少ない	初期から人格変化や社会的欠如あり	著しい性格の変化
病気の認識	早期になくなる	進行しても自覚している人が多い	早期になくなる	なし
記憶状態	全体的に低下していく	一部だけ低下	進行してくると記憶障害が目立ってくる（変動あり）	記憶障害や見当識障害がでないこともあり

65歳以上の高齢者の約5人に1人が認知症

10年ほど前まで介護が必要になった原因のトップは「脳血管疾患（脳卒中など）」でしたが、近年では「認知症」がトップにきています。２０２５年に７００万人、65歳以上の高齢者の５人に１人の割合になることが見込まれます。80代後半であれば男性の35％、女性の44％、95歳を過ぎると男性の51％、女性の84％が認知症であることが明らかにされています。みなさんが認知症になる割合は決して低くはないのです。

そもそも認知症とはいろいろな原因で脳の細胞が死んでしまったり、働きが悪くなったためにさまざまな障害が起こり、生活に支障が出ている状態（およそ6か月以上）のこと。認知症になると誰もが現れる症状を**中核症状**といい、記憶障害、見当識障害、理解・判断力の低下、実行機能の低下などがあります。一方、**BPSD（行動・心理症状）**は、本人のもともとの性格、環境、人間関係などの要因がからみ合って生じます。介護者の接し方や薬物治療により改善が見られる場合もあります。

認知症の中核症状とBPSD（行動・心理症状）

記憶障害
・体験の全体を忘れる
・同じことを繰り返す

見当識障害
・時間や季節感が薄れる
・道に迷う

理解力や判断力の低下
・考える速さが遅くなる
・計画的にできなくなる

中核症状

BPSD

幻覚
・現実にはないものを見たり聞いたという

妄想
・物を盗られたという

歩き回る
・何かを探したり、居心地が悪かったりして歩き回る

異食
・食べられないものを口にする

睡眠障害

介護拒否

依存

不安

抑うつ状態

興奮

もしかして認知症？不安を放置せず、まずは相談を

「もしかして認知症かな」と思ったら、どこに相談にいけばよいのでしょうか。ためらいがあるかもしれませんが、薬による治療で進行を遅らせることができるため、**まずはかかりつけの医療機関に相談**するとよいでしょう。かかりつけ医に「認知症疾患医療センター」への紹介をお願いしてみるのも一案です。「認知症疾患医療センター」は認知症に関する詳しい診断や症状への対応、相談などをおこなう認知症専門の医療機関です。

また各市区町村では「**認知症初期集中支援事業**（**認知症初期集中支援チーム**）」を設置しており、専門職で構成されるチームが医療や介護につながっていない認知症の人や認知症の疑いがある人の自宅を訪問し、約半年間サポートをおこないます。利用したい場合は地域包括支援センターや市区町村の窓口に相談するとよいでしょう。

そのほか、「**精神科**」「**神経内科**」「**老年科**」などでも対応しています。「**もの忘れ外来**」を設けている病院もあります。最近は「もの忘れ健診」をおこなっている市区町村もあります。例えば横浜市では50歳以上を対象に認知症の簡易検査を無料で実施しています。

薬による治療効果のイメージ

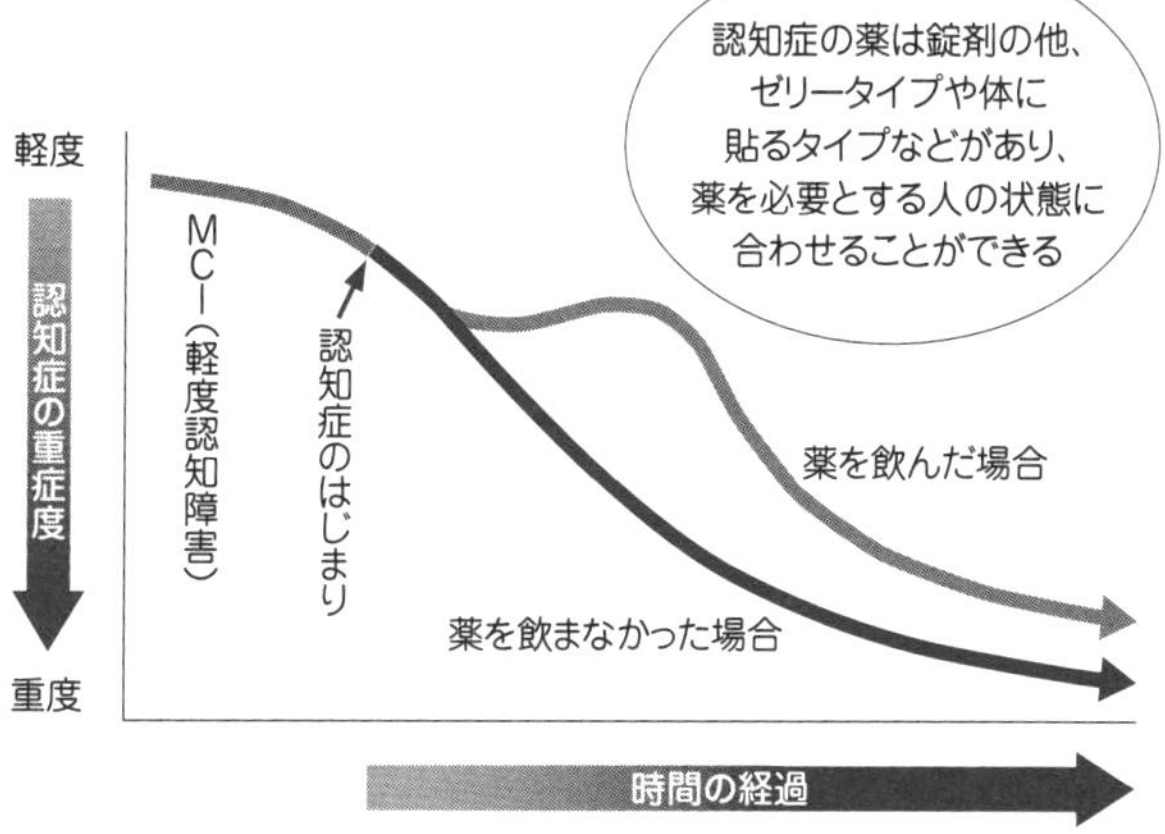

受診の前に準備しておこう

医師に伝えたいことをあらかじめメモしておくとスムーズです。
以下のような点をまとめておくとよいでしょう

- 「認知症」が疑われる変化はいつ頃から始まったか。
その変化とはどのようなことか
- 現在、困っていることはなにか
- 症状が起きる時間帯などはあるか
- これまでかかった病気
- 現在服用している薬と服用期間
- ひとり暮らしで仕事をしているなど

現場を取材してわかった、認知症の人が穏やかに暮らし続ける秘訣

グループホームは９人程度の認知症の人が家庭的な雰囲気のなかで介護職の支援を受けながら共同生活をする場です。入居者が洗濯物をたたむ姿も見られます。**認知症になっても長年親しんできたことを続けることは、穏やかに暮らす秘訣**のようです。

例えば、おしゃれをすることは認知症の人に笑顔をもたらす効果があると知りました。以前、介護施設に出張していた「移動美容室」を取材したことがあります。そこでは大型車両の内部が美容室になっており、利用者はここでカットやパーマができるのですが、奇声をあげたり、介護職員の腕にかみついたりしていた女性が、この美容室に入ってから落ち着きを取りもどし、座席で雑誌を読み始めた姿を見て驚いたことがあります。

また、化粧品メーカーの美容部員が高齢者にメイクをおこなうイベントに参加したことがありますが、真紅の口紅をつけた認知症の女性の喜々とした表情が心に残りました。そのほか、歌や音楽、絵画、動物や子どもたちとの交流を認知症の利用者のケアに取り入れているグループホームや介護施設もあります。

認知症の人の心を安定させる効果もあるさまざまな試み

音楽

歌を歌ったり、楽器を演奏する

絵画

絵画、粘土細工、手芸などで感性や創造性が活性化する。指先を動かすことが脳への刺激にもなる

園芸

園芸は五感を刺激する効果がある。グループホームのなかには近隣住民にも庭を開放し、入居者とともに花壇づくりをしているところもある

回想法

子どもの頃に遊んだ道具や流行したものについて話し、脳を刺激する

動物とのふれあい、子どもとのふれあい

要介護1～5の人が受けられる「定期巡回・随時対応型訪問介護看護」とは

認知症や要介護5でひとり暮らしをしている方にとって便利なサービスが24時間365日対応可能な「定期巡回・随時対応型訪問介護看護」です。例えば、認知症の方で飲み忘れが忘れないように服薬時だけ訪問する、自力で寝返りが打てない方には褥瘡《じょくそう》(※1)をつくらないよう体位交換(※2)のために自宅を訪れるといった使い方ができます。

1回の訪問は10～20分程度で、利用者のニーズに合わせてヘルパーや看護師が24時間対応します。「定期巡回・随時対応型訪問介護看護」の具体的なサービス内容には、①食事や入浴の介助など短時間の訪問が複数回受けられる「**定期巡回サービス**」、②利用者宅に機器を設置し、オペレーターがその都度対応する「**随時対応サービス**」、③利用者から連絡を受けて必要と判断した場合だけ訪問する「**随時訪問サービス**」、④看護師が定期的に訪問する「**訪問看護サービス**」があり、上記を適切に組み合わせて提供されます。

事業所と同じ市区町村の住民であることが条件で、対象は要介護1～5の方です。介護保険の訪問介護や訪問看護、夜間対応型訪問介護は併用できないので注意しましょう。

「定期巡回・随時対応型訪問介護看護」のイメージ

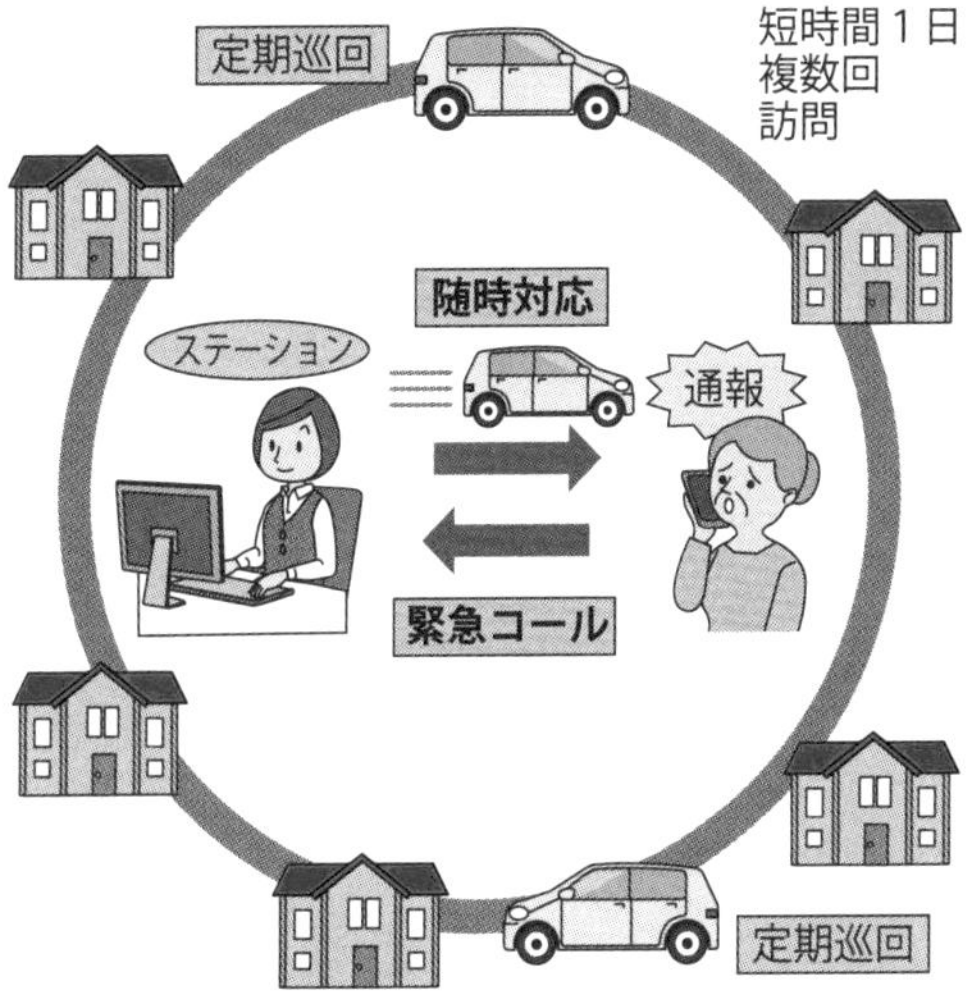

こんなサービスを依頼できます

- 水分補給・薬の服用
- 安否確認
- 転倒介助
- オムツ交換
- 就寝・起床介助・体位交換
- 掃除・洗濯・買い物
- 身体の清拭・衣類交換
- 外出介助
- 入浴介助
- トイレ誘導・排泄介助
- 調理・食事の介助

※1 褥瘡(じょくそう)…一般的に「床ずれ」とも呼ばれる。長く同じ姿勢でいることで皮膚に赤みや内出血、水疱、びらん(皮膚がただれている状態)などが生じた状態のこと

※2 体位交換…自力で体の向きを変えることが困難な人に他者が体の向きを変える介助をすること

通えて、泊まれて、訪問もしてくれる「小規模多機能型居宅介護」

認知症になっても可能な限り自宅で暮らし続けたい――。そう願う人にとって、介護保険の「小規模多機能型居宅介護」は選択肢の1つとなるでしょう。

「小規模多機能型居宅介護」は必要なときに事業所に通ったり、短期間宿泊したり、自宅でスタッフの訪問が受けられます。認知症の人が穏やかに暮らし続けるためには環境の急な変化は好ましくないとされていますが、このサービスは、**ケアプランの作成からサービスの提供まで同じ事業所がおこなうのが特徴**で、スタッフと利用者は「馴染みの関係」となります。さらに「通い」や「泊まり」を使う際の事業所も「通い慣れた」場所であり、利用者同士も「見慣れた」関係となり、**認知症の利用者には安心につながります。**

このサービスはご近所の高齢者を民家などで受け入れて支えてきた「宅老所」がモデルとなっていますが、「小規模多機能型居宅介護」は一連のサービスがパッケージ型で提供されるため、介護保険の①訪問介護（ヘルパー）②通所介護（デイサービス）③短期入所（ショートステイ）などは利用できなくなるので注意しましょう。

小規模多機能型居宅介護のイメージ図

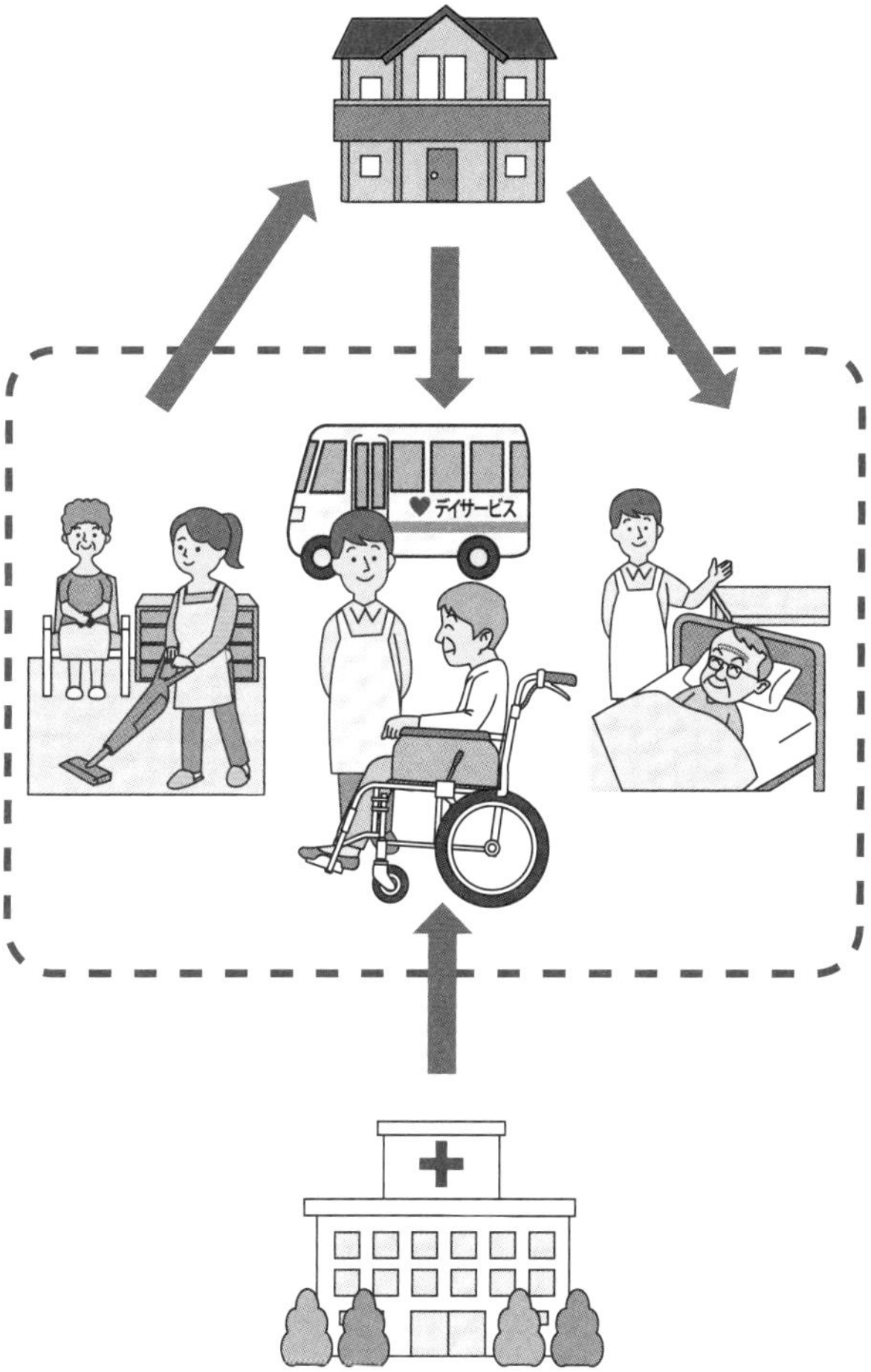

料理をつくるのが難しくなったときに活用したい「宅食サービス」

認知症の中核症状の1つに「実行機能障害」があります。計画を立てて順序よく物事をおこなうことができなくなることです。この障害が起きると料理をつくることが難しくなります。介護支援専門員として働く女性が「高齢者は菓子パンが好きな人が多い」と話していましたが、「好き」というよりも「料理をするのが面倒」、あるいは「認知能力の低下によって料理をすることが難しくなっている」ことも考えられるわけです。

「料理をするのが困難でも栄養のバランスがとれたものを食べたい」という場合には、**食事を自宅まで配達してくれるサービスを利用する**方法もあります。私が住む地域ではひとり暮らしの高齢の方や夫婦世帯の方で食事作りが困難な方を対象に、手作りのお弁当を配達しています。自治体でもひとり暮らしの要介護者などを対象に食事を届けて安否の確認をおこなうサービスをおこなっているところもあります。

また、介護保険のヘルパー以外でも、市区町村の社会福祉協議会やシルバー人材センター、民間の家事代行サービスなどに調理の依頼をすることもできます。

宅食サービスを利用するにあたってのチェックリスト

- ☑ 配達の対象エリアか
- ☑ 飲み込みづらい、噛みづらい状態になったときに形態を変えるなど配慮してもらうことができるか
- ☑ 入会金や年会費、1食あたりの値段は妥当か
- ☑ 1食あたりの分量は適当か
- ☑ 安否確認をおこなっているか
- ☑ 「お試し」ができるか
- ☑ 解約時の対応

食事の用意ができなくなったとき、どんなサービスを利用したいか

	調査人数	配食サービス（栄養相談や安否確認等を含む、定期的な、栄養バランスのとれた料理〈健康食や治療食〉の宅配サービス）を利用する	既製品（弁当、お惣菜など）を買う、または出前（デリバリーサービス）をとる	誰か（家族、ホームヘルパー等）につくってもらう	どこかに食べにいく	食事付きの施設・住宅を利用する	その他	とくにない	不明・無回答
令和3年	2,435	53.9%	51.4	34.6	20.9	18.6	0.8	7.0	2.1
平成26年	3,893	56.2%	27.6	34.9	18.3	17.3	0.8	6.0	9.0

複数回答　　参考：内閣府「高齢者の健康に関する意識調査」（令和3年）

もの忘れ防止にも活用できるAIアシスタント

筋《きん》萎《い》縮《しゅく》性《せい》側《そく》索《さく》硬《こう》化《か》症《しょう》（ALS）という難病にかかり、わずかに動く指でパソコンを操作しながらひとり暮らしをしている女性のご自宅を訪問したことがありますが、最近は、視線入力装置やスイッチを押すことで文章を打ち込み読み上げる意思伝達装置もあります。

またひとり暮らしで移動することが困難になった場合は、**話しかけるだけで家電を動かしてくれたりする「スマートスピーカー」**が便利です。スマートスピーカーには、Amazonの「Alexa」や「Google アシスタント」といったAI（人工知能）アシスタントが搭載されています。我が家でもこれまで使用していた家電をAIアシスタントに対応している家電に少しずつ買い替えており、現在では照明なども「アレクサ、照明をつけて」といったように音声で操作しています。また、スマートスピーカーで「10分後にアラームを鳴らして」と話しかけ、遅刻やもの忘れの防止のためのアラームとしても活用しています。

会話を通じてこちらの知りたい情報を教えてくれる「ChatGPT（チャットジーピーティー）」は孤独感の解消にも一役買ってくれそうです。

AIアシスタントでできること

**AIアシスタント搭載機器
単体でできることの例**

- 音楽を聴く
- ニュースを聞く
- 天気予報を聞く
- アラーム・タイマー
- ネット・ショッピング
- ビデオ通話

**連携家電・リモコンを使って
できることの例**

- エアコンの操作
- テレビの操作
- 動画・写真再生
- 掃除機の操作
- 調理家電（電子レンジなど）の操作
- 鍵の施錠・開錠

ネットワークのカメラや分身ロボットの活用で楽しく安全に暮らす

我が家ではネットワークカメラ（インターネットに接続できるカメラ）を活用しています。撮影された映像はクラウド上で管理できるのも特徴です。

使い始めたきっかけは、空き家となった親族の家の防犯のためですが、いまでは我が家の室内やガレージなどにも小型カメラを設置するようになりました。

加えて玄関の扉に向けてカメラを設置しており、鍵を閉め忘れていないか、家を出てから慌てて確認したこともあります。この経験から**「もの忘れ対策」にもカメラは活用できる**と感じました。

一方、最近はカメラ・マイク・スピーカーが搭載された「分身ロボット」も注目されています。自分がその場にいけなくても、その場にいるロボットにつなぐことで自宅にいながらでもその場に参加できます。

これからの時代、ロボットを活用することで、ひとり暮らしで介護が必要な状態でも可能なことが増えていきそうです。

室内や外壁にカメラをセットし、スマートフォンで確認

スマートフォンで複数のカメラの画像を見ることができる

鍵をかけたかどうかの確認も映像からチェックできる

お金の管理に不安を感じたら相談できる「日常生活自立支援事業」

ひとり暮らしで年を重ねると「もの忘れが多くなったら金銭管理が不安」という人もいるのではないでしょうか。「社協」という略称で知られる社会福祉協議会では**軽度の認知症などの人を対象に、日常的な金銭管理のほか、通帳や金融機関届出印の保管などを代行する「日常生活自立支援事業」**をおこなっています。このサービスを利用するには契約が必要で、契約時に意思が確認できる人に限られます。

社協は民間の社会福祉活動を推進することを目的とした組織で、全国社会福祉協議会を筆頭に、都道府県、市区町村で活動しています。最も身近なのが市区町村の社協で、車いすを一時的に無料で貸したり、車いすごと乗れる軽自動車を貸すサービスをおこなっているところもあります。私の実家の地元の社協では、車いすで乗れる福祉車両で希望の場所にいける移動サービスや、不要になった福祉用具を必要な人に提供するリサイクル事業をおこなっており、よく利用していました。お住まいの地域の社協のホームページでどんなサービスがあるかを確認しておくとよいでしょう。

こんな困りごとが出てきたら利用を検討する

福祉サービスを使いたいが
どうすればいいか
わからない方

最近もの忘れが多くて
預金通帳をちゃんと
しまったかいつも心配な方

計画的にお金を
使いたいけど、
いつも迷って
しまう方

介護保険関係の
書類がたくさんくる
けど、どう手続き
したらいいか
わからない方

日常生活支援事業のしくみ

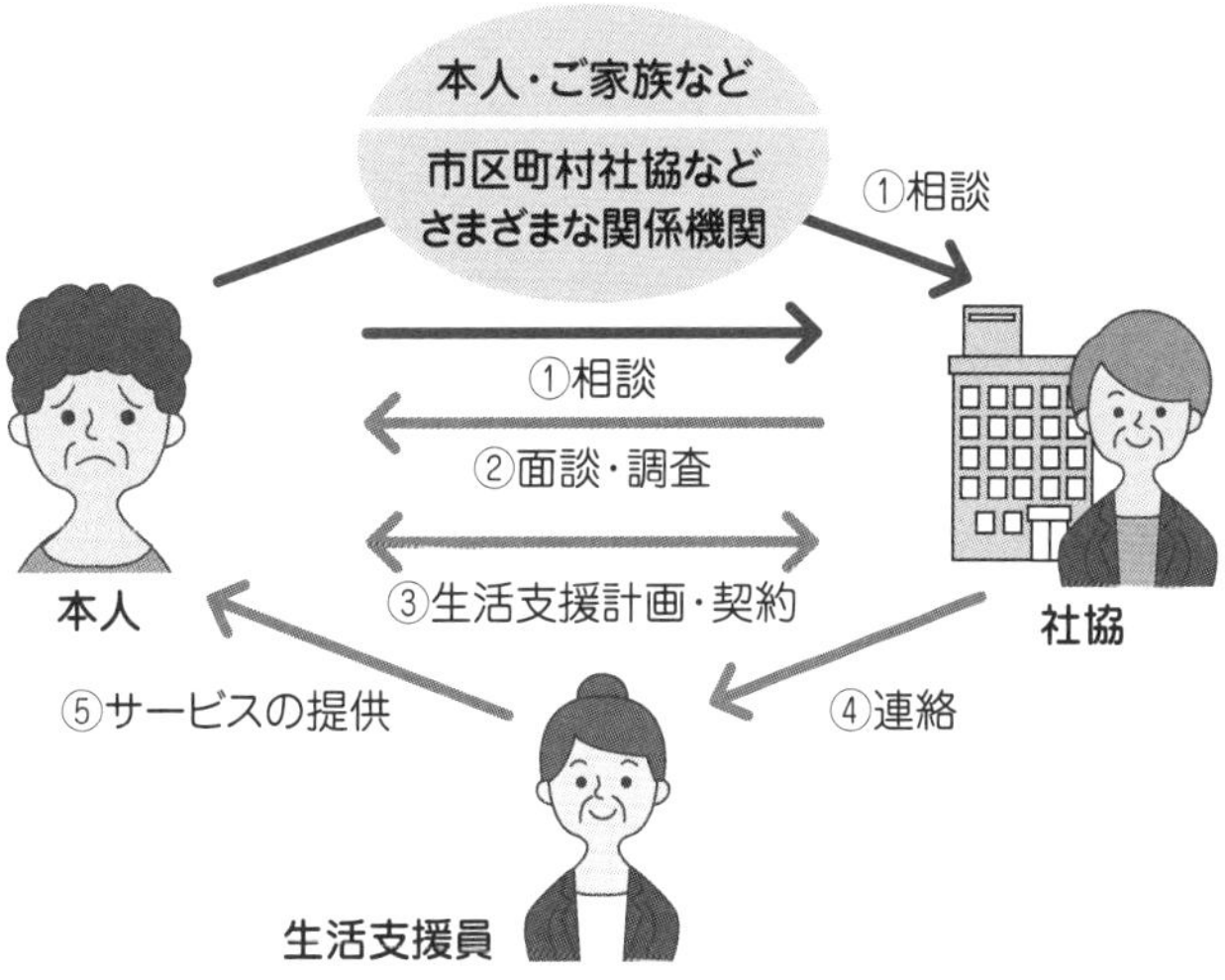

費用の負担も考慮しながら検討したい「成年後見制度」

認知症の姉妹が被害にあったリフォーム詐欺事件を取材したことがあります。認知症や知的障害、精神障害などで判断能力が不十分でサポートが必要な人を保護する制度が「成年後見《せいねんこうけん》制度」です。サポートをおこなう人は成年後見人（以下、後見人）と呼ばれ、本人の代わりに財産の管理や契約行為をおこないます。

成年後見制度は、「**法定後見制度**」と「**任意後見制度**」の2種類あり、いちばんの違いは、法定後見制度は裁判所の判断で後見人が選任され、任意後見制度は自分で後見人を選び自分の意思で契約できる点です。成年後見制度を利用するには家庭裁判所に申し立てが必要でその際には費用がかかります。さらに制度開始後は後見人への報酬も発生します。

近年では後見人による不正行為などのトラブルも明らかになっています。自分以外の人に財産管理を依頼する場合の方法としては、ほかに**財産管理委任契約**や**家族信託**(※)があります。70代後半になると認知症の発症率も高くなるため、あらかじめ財産管理のプランも立てておきたいものです。

成年後見制度と日常生活自立支援事業のメリット・デメリット

成年後見制度	日常生活自立支援事業
メリット	**メリット**
・判断能力がなくても使える ・財産の把握ができる ・契約の取り消しができる	・福祉の専門職が支援する ・必要な社会資源につないでもらえる ・支援の頻度が高く費用が安価
デメリット	**デメリット**
・誰が選ばれるかわからない ・後見人への報酬がかかることも ・途中で止められない	・判断力がない人は対象外 ・法的権限をほとんど持たない ・身元保証はできない

成年後見制度とは

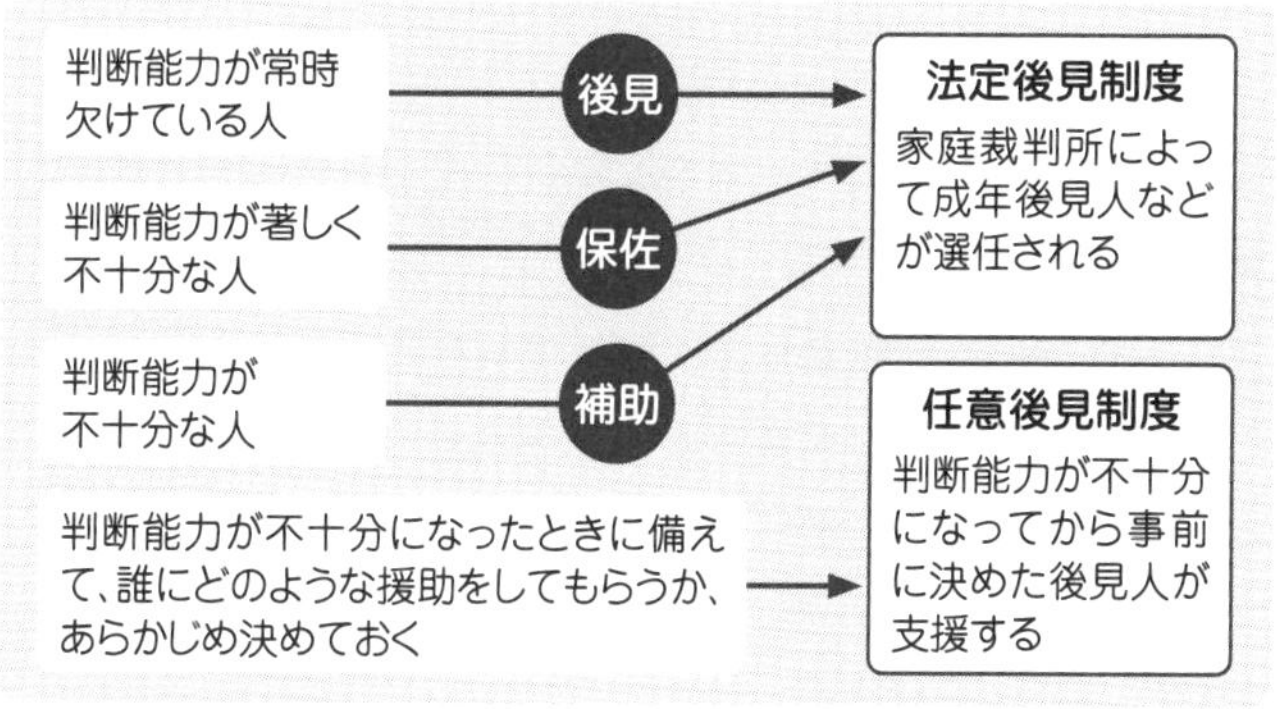
判断能力が常時欠けている人
後見
判断能力が著しく不十分な人
保佐
判断能力が不十分な人
補助
法定後見制度
家庭裁判所によって成年後見人などが選任される
判断能力が不十分になったときに備えて、誰にどのような援助をしてもらうか、あらかじめ決めておく
任意後見制度
判断能力が不十分になってから事前に決めた後見人が支援する

※財産管理委任契約は自分で財産を管理できなくなったときなどに、家族や親戚など信頼できる人に管理を任せる契約。家族信託は自身の財産管理ができなくなるリスクに備えて、家族などに財産管理を託すこと。財産管理委任契約は本人の判断能力がなくなると使えないが、家族信託はそのまま契約を継続できる

毎日の日記が、脳を活性化させるトレーニングに（ワンポイント・アドバイス）

日記を書くことは脳を活性化させるトレーニングになるようです。私は小学校の頃から親や友人と交換日記をしていたこともあり、長年日記をつけています。３行日記を始めたのは20年ほど前です。

ところが最近インターネットで、その日失敗したこと→感動したこと→目標という順番で３行日記を書くことで自分自身を客観的に見ることができ、心身ともに安定するという説を読んでから、この方法に切り替えてみました。

また、寝る前に１日を振り返る日記を書くことで昼間の興奮した状態から、夜のリラックスした状態へと切り替えるスイッチの役割を果たしてくれるそうです。私の場合は、夜に日記を書くとあれこれと考えて眠れなくなるために、日中に書くようにしています。

認知症予防の習慣として、当日ではなく１日遅れで前日のことを思い出して日記を書くことを推奨している医師もいます。私など、後から数日分まとめて書いたり、数か月後に書くこともあるのですが、何をしていたか思い出せず、メールの送受信記録などを見て振り返ることもしばしばです。

書き方や書く時間帯などは自分に合った方法で、習慣として取り入れていきたいものです。

Part4
介護いらずの心と体を自分で保つ知恵

既往歴メモを作成して自分自身で説明する準備を

がんの罹患率《りかんりつ》が高くなる40代以降は、自治体や会社の健康診断を受けることはもちろん、がん検診や人間ドックなど、自分の健康に投資をする意識が必要かもしれません。

医療機関で「既往歴《きおうれき》」（過去にかかった病気）を記載するよう求められたことはありませんか。**年を重ねると、いつその病気にかかったかを忘れてしまい、とっさに答えられないことがあります。そんなときのためにあらかじめ作成しておきたいのが「既往歴メモ」です。**「お薬手帳」でも確認できますが、一覧表にしておくとわかりやすく、自らの病気を振り返るきっかけにもなります。

これをもとに医師や看護師、介護のサービス事業者などに情報の提供もスムーズにおこなえます。医師は患者の既往歴を知ることで現在起きている症状について判断がつきやすく、必要のない検査をおこなわずにすみ、重症化の予測もしやすくなります。

ひとり暮らしの場合は既往歴を把握《はあく》しているのは自分だけという場合も多いでしょう。必要なときに自分の既往歴をしっかりと説明できるように準備をしておきましょう。

既往歴メモの例

「お薬手帳」も参考になるが、
このように表にしておくと後から確認しやすい。
書くことで自分の体のことを振り返るきっかけにも

既往歴メモ

病名・症状	発症年齢	受診日	医療機関	手術・入院	備考欄
せきぜんそく	35歳	0000年0月0日	00クリニック	なし	
上行結腸憩室炎	40歳	0000年0月0日	00病院	0000年0月0日～0月0日まで入院	入院中、絶食。点滴での治療を行う
痔核	50歳	0000年0月0日	00病院	0000年0月0日(日帰り)	ジオン注射療法を行う
・・・	・・・	・・・	・・・	・・・	・・・

発症年齢は
時系列に記しておくと
わかりやすい

備考欄には治療した内容、
「再発」など、第三者にとって
参考になる情報を
記載しておく

健康と要介護状態のはざま「フレイル」を予防する

「フレイル」とは加齢とともに心身の活力が低下し、要介護状態になる危険性が高くなった状態のことです。要介護の状態と健康の状態の中間に位置し、放っておくと介護が必要になる可能性がある一方、健康に戻れる状態でもあります。

フレイルの予防には①栄養（84ページ参照）**②体力③口の健康**（142ページ参照）**④社会参加**（174ページ参照）**が大切**だといわれています。

ジム通いをしていた私はコロナ禍に有酸素運動ができるマシンを購入し自宅でトレーニングをするようになりました。スマートフォンで操作でき、トレーニングした日時や消費カロリーなども管理できるので便利です。ウォーキングは認知症予防にも効果があるといわれていますが、私は他者と歩くことで自分の歩く速さが遅いと気づかされたことがあります。パリで公園を散歩していたときに太極拳《たいきょくけん》のグループに遭遇しましたが、私も月に数回柔軟性を維持するために太極拳に通い、心を健やかに保つため一日に数分マインドフルネス（※）も取り入れています。自分が無理なくできることを探してみてはいかがでしょう。

フレイルとは

「健康」に戻れるのがフレイル！
悪くなれば「健康」に戻るのが難しい！
健康
フレイル
要介護

フレイルのセルフチェック

ひとつでも当てはまればフレイル予防に取り組もう！

- ☑ 健康に気をつけた食事をしていない
- ☑ お茶や汁物でむせることがある
- ☑ 同じ年の友人と比べて歩くのが遅い
- ☑ 昨年と比べて外出の回数が減っている
- ☑ 活気がない

※マインドフルネス…いまこの瞬間だけを意識している心の状態

寝不足は認知症の一因にも。よい睡眠をとることに情熱を傾けて

介護サービスや在宅医療を利用することなくひとり暮らしを続けていくためには要介護や認知症になるのを防ぐ心がけが大切です。その心がけのひとつがよい睡眠をとること。

夜の眠りには「運動」や「入浴」の習慣、体内時計の調整など日中の過ごし方が反映されます。よい睡眠をとるというのは口でいうのはたやすいですが、働く現代女性には難しい課題ではないでしょうか。あるカウンセラーの方が「寝ることに情熱を傾けてください」と話していましたが、私は最近この言葉を実践するよう努めています。

昨今では**認知症と睡眠の関係も注目されています。**認知症のなかでも最も患者数が多いアルツハイマー型認知症はアミロイドβというタンパク質が脳に蓄積し、神経細胞が破壊されることで発症するのではないかと考えられています。このアミロイドβは、ノンレム睡眠（脳も体も眠っている状態）のときに脳内から排出されるため、**睡眠不足になるとアミロイドβが蓄積してアルツハイマー病になりやすい**と考えられています。最近は自分の睡眠サイクルが確認できるアプリもあるので活用してみてはいかがでしょうか。

よい睡眠を得られる寝室の工夫

- 寝室には温度・湿度計を置く
- 室温は夏場は25℃前後、冬場で20℃前後
- 湿度40～60%、寝具内の温度は30℃前後が望ましい
- パジャマは汗を吸い取る綿やシルク製がおすすめ
- 全身の汗を吸収するため長袖・長ズボンが望ましい
- オレンジがかった電球色が寝室に適している

気分の落ち込みやイライラの原因、じつは「隠れ貧血」かも?!

イライラする、気持ちが落ち込む、めまいがする、息切れや動悸《どうき》がするといった症状がある場合、「年のせいかしら」と片づけてしまう女性は多いと思いますが、もしかしたら「隠れ貧血」（潜在性鉄欠乏症）かもしれません。

隠れ貧血は肝臓や骨髄などに蓄えられている「貯蔵鉄」が不足している状態のことです。貧血を調べる際には血液中のヘモグロビン（赤血球のなかに含まれる成分で、酸素などを運ぶ重要な役割を担う）の濃度で判断しますが、貯蔵鉄が不足しているかどうかは「フェリチン」の値で診断します。ところが**会社や自治体の健康診断でおこなわれる血液検査ではフェリチンの値は測定されないため、「正常」と診断されるケースもある**ようです。「隠れ」と表現されるゆえんです。

女性に貧血が多い理由は月経による出血で鉄分を失うことや、必要以上のダイエットも一因。ヘモグロビンの合成にはタンパク質も必要なので、肉や魚の摂取量が少ないと貧血症状に陥ります。自分をメンテナンスしながら健やかに過ごしていきましょう。

「隠れ貧血」の理由

体内の鉄不足

↓

貯蔵鉄の浪費

↓

フェリチンの減少

↓

隠れ貧血

「隠れ貧血」チェックシート

- ☑ 朝から体がだるい
- ☑ たちくらみ、めまい、耳鳴りがする
- ☑ 階段を昇ると動悸や息切れがする
- ☑ 爪が割れやすい
- ☑ 寝起きが悪い、夜中に目を覚ましやすい
- ☑ 肌が荒れる、口内炎や口角炎ができやすい
- ☑ 生理前に不調になる
- ☑ 足がつる（こむら返り）
- ☑ イライラ、気分の落ち込みがある
- ☑ のどに不快感がある（氷を大量に食べてしまう）

→2つ以上あてはまれば要注意

更年期は「ポジティヴヘルス」の考え方で日々を過ごす

オランダで「ポジティヴヘルス」について取材しました。ポジティヴヘルスは「**病気であっても、体に不自由なところがあっても、その状態に適応できていれば健康**」という考え方。これは更年期症状がある女性にとって支えになる言葉のように感じています。

女性は40代に入ると女性ホルモンの分泌が次第に減少し、やがて閉経を迎えます。更年期は閉経前後の約10年間で一般に45〜55歳といわれます。この期間に全体の約6割の女性が、ほてり、のぼせ、発汗、肩こり、暑い時期でも手足が冷たくなるといったことが見られます。さらに、抑うつや不安、不眠など心の変化も起きます。

更年期症状と更年期障害の違いは日常生活に支障をきたしているか、いないかです。後者であれば治療の必要性がありますが、日々の自分をコントロールできるのは、やはり自分でしかありません。**「調子が悪くてもなんとか一日過ごせた」ことをよしとして、適度に自分を褒めながら日々暮らしていく**のも、更年期を乗り切る方法の1つかもしれないと感じています。

ポジティヴヘルスの考え方

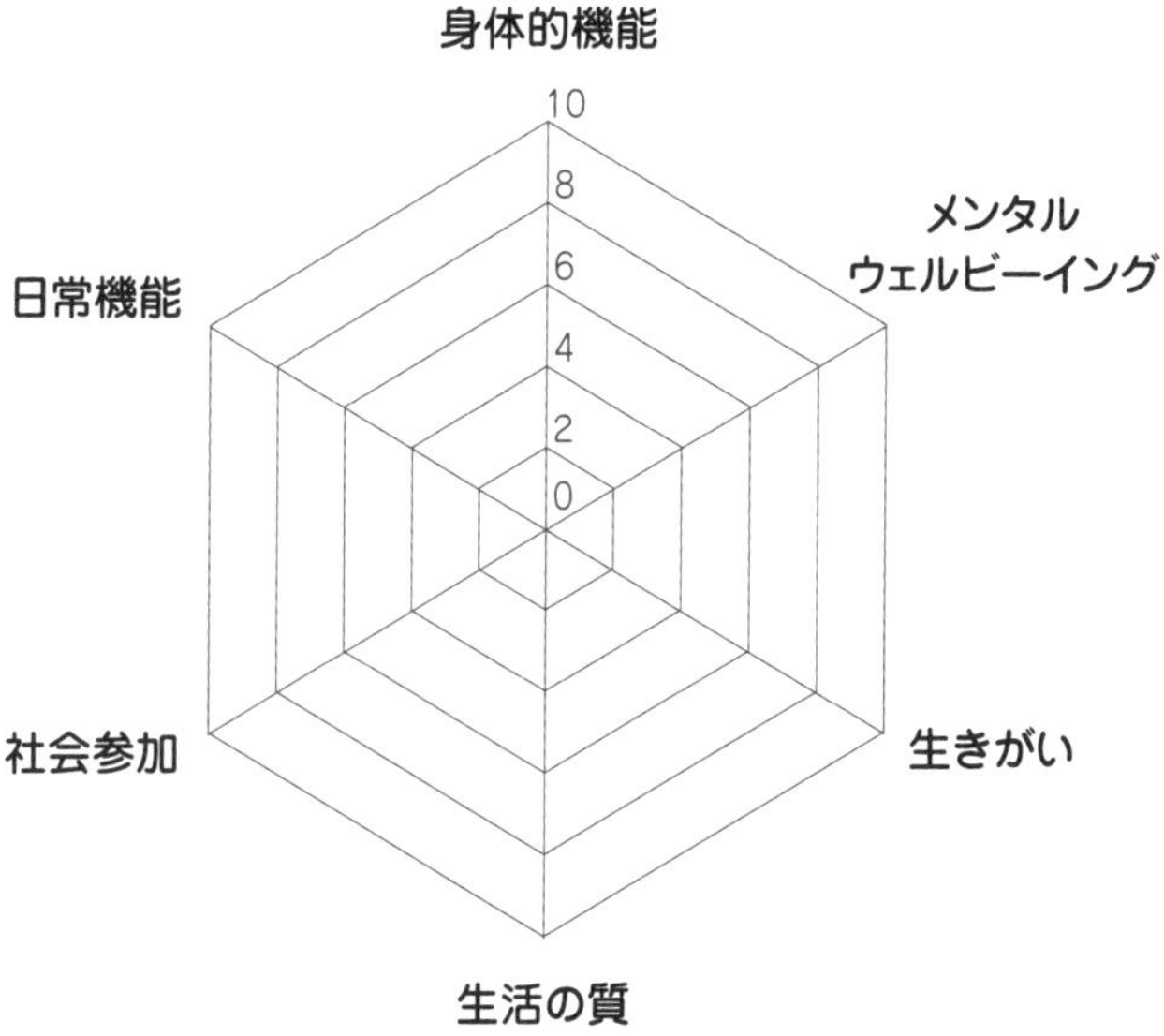

出典：iPH（Institute for Positive Health）提供の図を基に作成、
シャボットあかね氏訳

尿失禁の対策は簡単なトレーニングや排尿日誌で

40歳以上の女性の4割以上が経験しているともいわれる尿失禁《にょうしっきん》。他者に相談するのは恥ずかしいとひとりで悩んでいる人も多いようです。そもそも尿失禁とは、本来用を足すべき場所以外で尿がもれてしまうこと。女性の尿失禁で最も多いといわれているのが「**腹圧性尿失禁**」（くしゃみや咳《せき》、重いものを持ち上げたときなどおなかに力がかかったときに起きる尿もれ）です。そのほか、「**切迫性《せっぱくせい》尿失禁**」（急に尿がしたくなり、我慢できずにもれてしまう）、「**溢流性《いつりゅうせい》尿失禁**」（尿の出が悪く、少しずつもれ出てしまう）、「**機能性尿失禁**」（身体機能の低下や認知症が原因で起きる）などのタイプがあります。

困ったときは、泌尿器科や「尿失禁外来」がある病院などに相談してみましょう。また尿がもれるタイミングを把握するために排尿日誌をつける方法があります。時間ごとに尿量（計量カップや尿パッドを活用して計る）、尿もれの様子、水分量などを記録することで排尿のパターンがわかり、外出の際の対策も立てられます。腹圧性尿失禁は肛門や尿道・膣だけをしめてゆるめる「骨盤底筋体操」を継続することで改善する人もいます。

排尿日誌の例

	尿量	尿もれ時の行動	水分量(mℓ)
6時	500		ジュース 150 お茶 200
8時	150 200	植木の水やり	お茶 200
10時	250	犬の散歩	お茶 200
正午12時	150 150		コーヒー 200 スープ 150
2時	300	咳	お茶 200
4時	200		水 100
6時	350	咳き込む	みそ汁 200 お茶 200
8時	250	食器洗い	お茶 200
10時			
午前0時	150		水 50

「正常」の目安

1日の排尿回数	**正常4～7回**
排尿時間	**夜間就寝後は2回以下**
1回の排尿量	**200～400mℓ**
1日の排尿量	**1200～1800mℓ**
1日の水分摂取量	**1000～1500mℓ**

参考：東京女子医科大学附属足立医療センター　骨盤底機能再建診療部ホームページ

元気な90歳が続けている認知機能の低下も防ぐ口のケアとは

私は2～3か月に一度、定期的に歯科医院に通っています。歯や歯肉の状態、虫歯の有無などを歯科衛生士に確認してもらい、プラークスコア（歯の磨き残しの割合）が高いときには、繰り返し歯磨きの指導を受けます。２０２２年6月に閣議決定した経済財政運営の指針「骨太の方針」には「国民皆歯科健診」が盛り込まれましたが、こうした国の動きとは関係なく、自主的に通っています。

歯科医がおこなった調査によると、**口のケアをおこなった高齢者は、そうでない高齢者と比べ、肺炎や発熱の発症率が低かった**ことがわかりました。さらに口のケアをおこなうことで**認知機能の低下が予防できた**という報告もあります。日頃お世話になっている歯科衛生士の話では、90歳で元気に歯のチェックに通っている方もいるとか。80歳になっても20本以上自分の歯を保つことを目標にした８０２０《はちまるにいまる》運動ということがいわれてきましたが、年を重ねると「口は万病の元」という言葉が実感を伴って理解できるようになります。先々の健康のために定期的な歯科医院通いは今後も続けるつもりです。

かかりつけ歯科医院の有無と認知症発症との関係

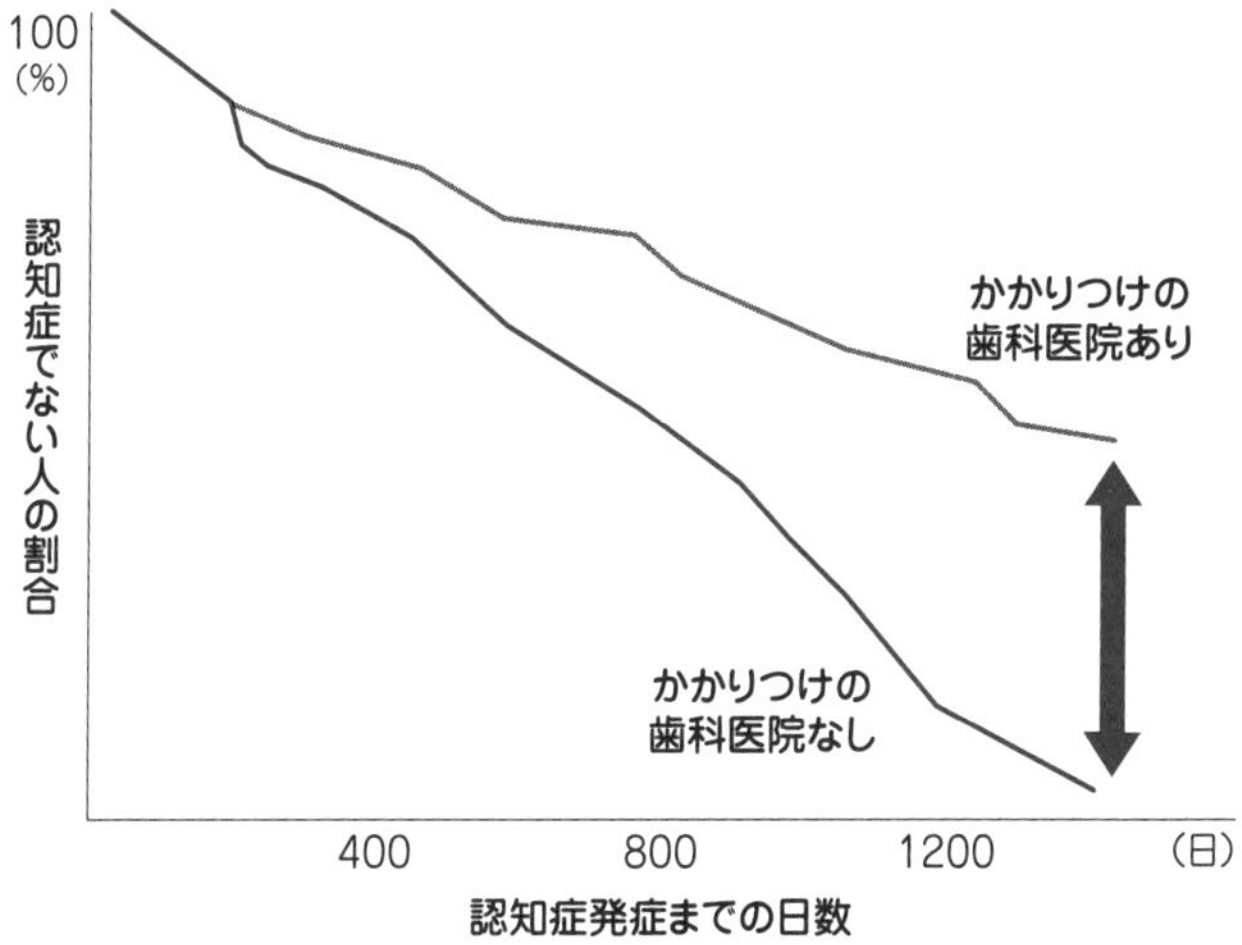

参考:平成22年　厚生労働科学研究(神奈川歯科大学)

かかりつけの歯科医院が「ある人」と、
「ない人」の認知症発症までの日数を比較すると、
かかりつけ歯科医院のない人のリスクは
1.4倍になることがわかっている

香りを楽しむことを生活に取り入れる効果 ワンポイント・アドバイス

朝起きたら庭に出て、ローズマリー、タイム、レモンバーム、マートルなどハーブの香りを楽しむことが私の日課です。嗅覚《きゅうかく》は男性の場合60代、女性では70代から低下します。さらに、最近では認知症と嗅覚との関係も注目されており、**においに鈍感になったら、アルツハイマー型認知症の初期症状が疑われる**といわれています。

嗅覚が低下すると食欲が低下し低栄養になったり、食品の腐敗に気づけず食中毒になる可能性もあります。それだけでなく、ガスもれや煙の発生を感知できなくなるなど、生命に関わる危険性が高まるため、とくに**ひとり暮らしの場合には用心したい**ものです。

取材でパリに滞在した際、ハーブ薬局を訪れる機会がありました。ここではスタッフが個人の体調や悩みに応じてハーブティーなどを選んでくれます。私はアレルギーに効果があるハーブティーとミントのエッセンシャルオイルなどを購入しました。現地で体調を崩した際、ミントの香りにはずいぶんと助けられました。ミントには集中力を高めたり、記憶力を高める効果もあるといいます。ドイツでは嗅覚低下を回復させるため朝と晩の１日２回、さまざまな「嗅《か》ぐ」というトレーニングがあり、治療にも使われているようです。

Part5

自宅を安心安全の空間にする工夫

室内での「ころぶ」は自立した生活の大敵

十数年ほど前、「ガチョーン」などの流行語で知られた谷啓《たにけい》さんが脳挫傷《のうざしょう》で亡くなりました。亡くなる前、自宅の階段で転倒し、頭などを強く打ち病院に運ばれたといいます。

高齢者（65歳以上）の事故と聞くと、交通事故など屋外で起きるケースが多いように感じますが、実際は屋内で起きている事故のほうが多いのです。

東京消防庁による「救急搬送データから見る日常生活事故の実態」（令和3年）によると、事故の種類で最も多いのは「ころぶ」事故で、全体（その他、不明を除く）の7割以上。高齢者に限っても「ころぶ」事故が最も多く、ほかの世代と比べ重症化しやすくなっています。

そもそも転倒とは「自分の意思からではなく、足底以外の部分が床や地面についた場合」のことです。通常は尻もちをついた程度では骨折はしませんが、骨粗しょう症（※）になると骨折する可能性が高くなります。**骨折をして入院すると、ベッドで過ごす時間が長くなる**ことから、その後、**歩行が困難になったり、自立した生活が難しくなることも。**段差などの住環境に気をつけるほか、骨折を防ぐ体づくりも心がけたいものです。

日常生活で起きた事故により救急搬送された事故の種類

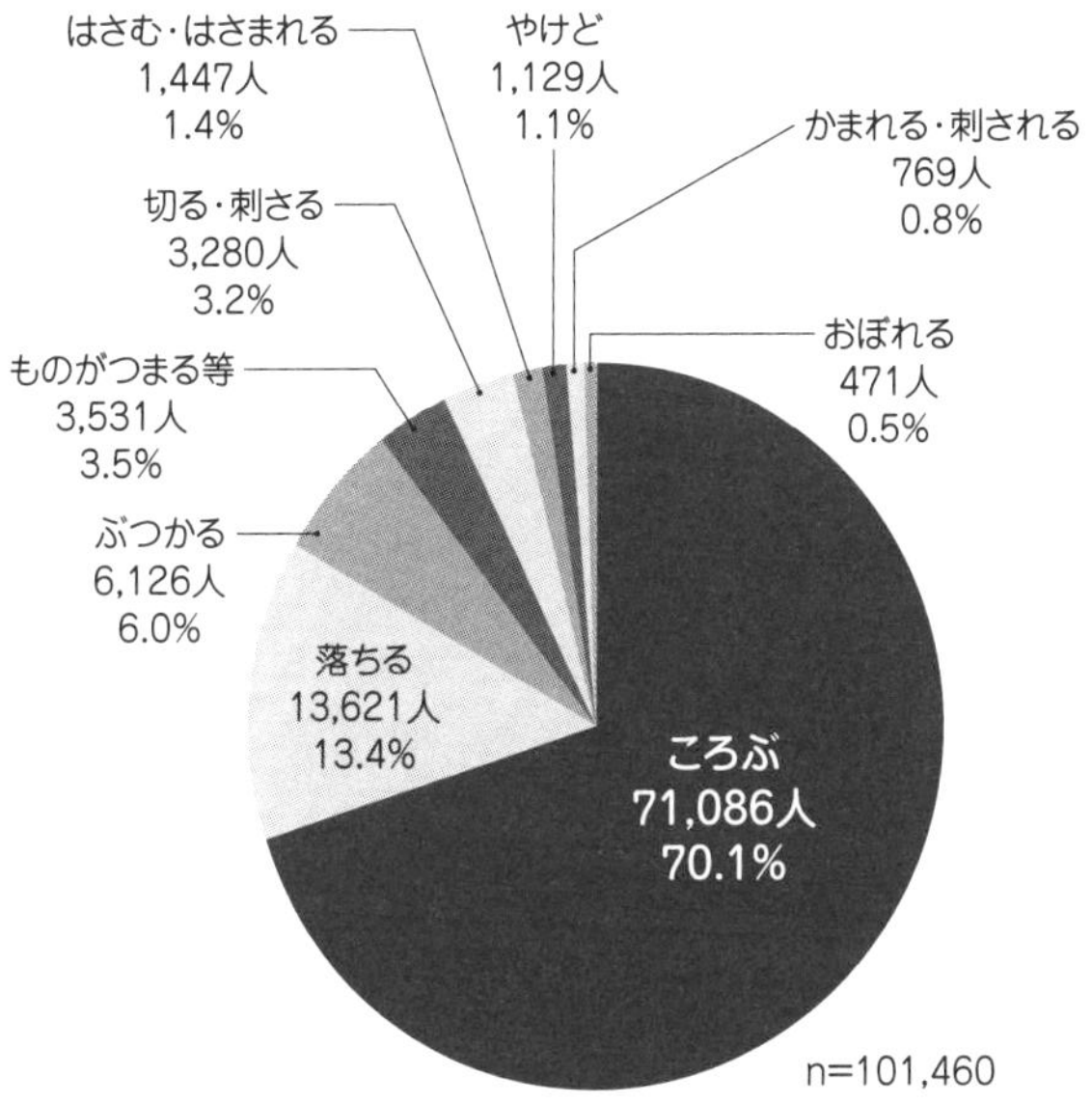

出典:「救急搬送データから見る日常生活事故の実態」東京消防庁(令和3年)

※骨粗しょう症

加齢と生活習慣によって骨がスカスカにもろくなった状態のこと。女性に多く、とくに閉経後、女性ホルモンが減少した年代に多いのが特徴で80歳以上の女性の約70%以上が発症しているといわれる

転倒事故を起こさないために住まいの工夫を

そもそも人はなぜ転倒するのでしょうか。その原因には「内的要因」と「外的要因」があるといわれています。内的要因とはその人の体の内部で起きる変化のことです。具体的には視覚、バランス、歩行、筋力や骨格、心臓や血管などの変化、加えて病気や薬による影響などがあります。外的要因としては、住まいの環境や設備、体に合わない杖《つえ》や歩行器などの補助具、スリッパなどの履き物によっても転倒が起きやすくなります。

転ばないための住まいの工夫としては、明かりの使い方も重要です。白内障の人などは光をまぶしく感じることもあるため、明るさを調整できる**調光スイッチ**を活用するのも一案です。また、**電化製品の配線コード**や**延長コード**につまずかないようU字型の釘やフックを使って壁にはわせたり、配線カバーをつけるなどの工夫をするのもいいでしょう。

部屋と出入口の段差がつまずきの原因になることもありますが、**小さなスロープ板**をつけたり、敷居を下げることで解消できます。湯上がりに**脱衣所のマット**で転倒するケースもあります。我が家では滑らない珪藻土《けいそうど》のバスマットを長年愛用しています。

転倒の原因

転倒の原因には「内的要因」と「外的要因」がある

内的要因

加齢による変化

- 視覚に変化が起きる
- バランス能力に変化が起きる
- 歩行に変化が起きる
- 骨や筋肉などに変化が起きる

- 病気
- 薬による影響
- 心理的な緊張や不安　など

外的要因

住まいの環境や設備

- 敷居やカーペットの端でつまずく
- 照明が暗い、まぶし過ぎる
- すべりやすい床
- 寝室からトイレまでの動線に余裕がない

- 体に合わない杖や歩行器など
- 足のサイズに合わない履き物

「脳のトレーニング」だと思い、片づけを実践する

物につまずいて転倒という事態を防ぐためにも、部屋にある物は減らしてシンプルな空間を保ちたいものです。片づけは、いつかやろうと思っていてもつい先延ばしにしてしまいがちです。年を重ねるほど物は増えていきますが、それに反して処分しづらくなる傾向にあります。それというのも、**片づけは高度な脳の働きが必要になる作業**だからです。

まず**部屋にある物を見て必要なのか、不要なのかを判断する→必要な物の置き場所を決める**流れがあります。年とともに脳の機能も低下していきますので、終活のための整理は早めに着手するとよいでしょう。

介護保険を利用するようになり、自宅にヘルパーがくることになった場合、物の収納先がわからないと不便です。私が介護をしていたときは、収納棚の引き出しに小さなラベルを貼って、何が入っているか一目でわかるように工夫していました。また、高齢の利用者宅を訪れると冷蔵庫のなかに賞味期限切れの食品がたくさん入っているというヘルパーの話も耳にします。「片づけは脳のトレーニング」だと思い、実践していきたいものです。

終活のための整理・片づけのコツ

1

生前整理 自分が元気なうちにおこなう

遺品整理 自分が死んだ後におこなわれる

生前整理をおこなうことで、これまでの人生を振り返り、
今後の生き方を考えるきっかけになる！

2

Ⓐ **重要なもの**
お金に関するもの、死後の手続きに関するもの

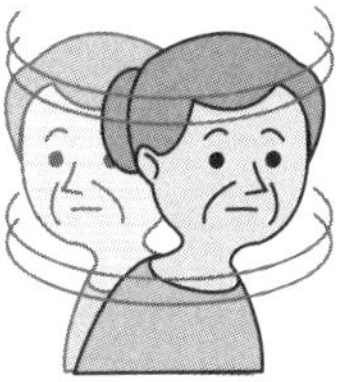

Ⓑ **残すもの**
高価なもの、思い出の品など

Ⓒ **捨てるもの**
日常生活に関するもの、不要になったもの

A～Cを分類して整理することで、認知機能のひとつである「遂行力」をきたえます。遂行力は目的を成し遂げるために使う能力です

住宅の改修で不便のない
ひとり暮らしを実現する

体が不自由になっても、住まいを改修することで暮らしやすくなることがあります。ひとり暮らしの場合は、室内の事故を減らすための対策として、必要に応じて検討するとよいでしょう。そうはいっても費用の面が気になるところです。介護保険では一生涯で上限20万円まで、工事費用の7割〜9割が給付されます。一度の工事で上限額を超えなかった場合には、数回に分けて利用することもできます。

対象となる工事の種類については、①廊下や階段、浴室への手すりの取り付け、②段差解消のためのスロープなどの設置、敷居撤去など、③転倒防止、移動を円滑にするための床材の変更、④扉の引き戸などへの取り替え、⑤洋式などへの便器の取り替え、⑥①〜⑤までの住宅改修に付帯して必要となる工事です。

すでに訪問看護や訪問リハビリといった介護サービスを利用している場合は、**看護師や理学療法士などにアドバイスをもらうとよいでしょう。**住宅改修を依頼する事業者は介護保険を利用した住宅改修の実績がある事業者に依頼すると安心です。

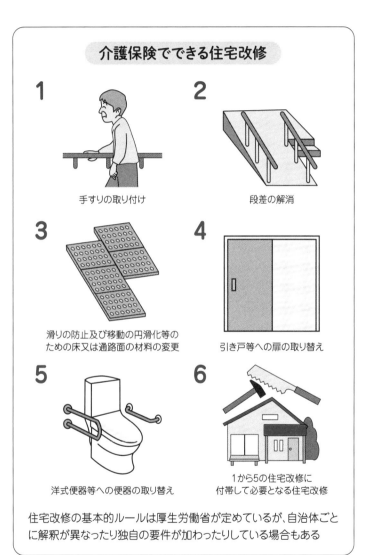

介護保険でできる住宅改修

1

手すりの取り付け

2

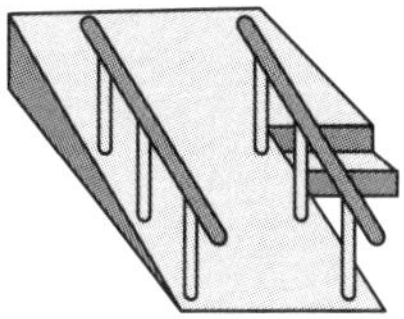

段差の解消

3

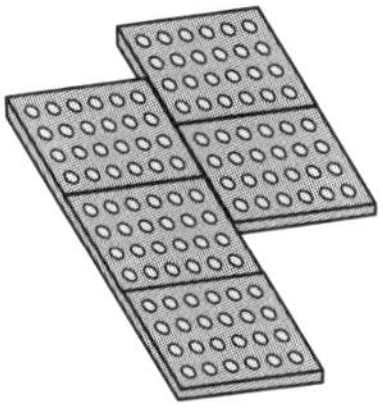

滑りの防止及び移動の円滑化等の
ための床又は通路面の材料の変更

4

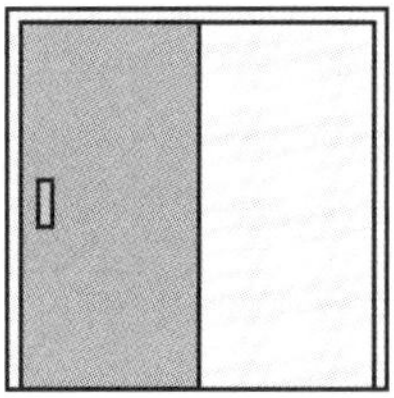

引き戸等への扉の取り替え

5

洋式便器等への便器の取り替え

6

1から5の住宅改修に
付帯して必要となる住宅改修

住宅改修の基本的ルールは厚生労働省が定めているが、自治体ごとに解釈が異なったり独自の要件が加わったりしている場合もある

福祉用具のレンタルで改修工事が不要になることも

私が在宅介護をしていた頃、祖母が車いすに乗ったまま外出できるよう、縁側にスロープ（傾斜の通路）を設置する工事をおこなうことを検討していましたが、結局工事はせず、折り畳み式のスロープを介護保険でレンタルすることにしました。必要なときに取り出して使えるため、家族はこれまでの環境で生活することができました。

介護保険には「福祉用具貸与（レンタル）」のサービスがあります。そもそも福祉用具とは、心身の機能が低下した要介護者の生活を補助したり、機能訓練（リハビリテーション）をするための用具のことです。介護保険には要介護度によって定められた支給限度額があることは先に書きました。福祉用具のレンタルもほかのサービスの利用と合わせて支給限度額の範囲内であれば1～3割の負担で借りることができます。

画家だった私の祖母は、天板に凹型のカーブがあるリハビリテーブルをレンタルし、車いすで絵を描いていました。ただし、要支援1・2、要介護1と認定された人は車いすなどの福祉用具は原則としてレンタルすることができないので確認しておきましょう。

介護保険でレンタルできる福祉用具

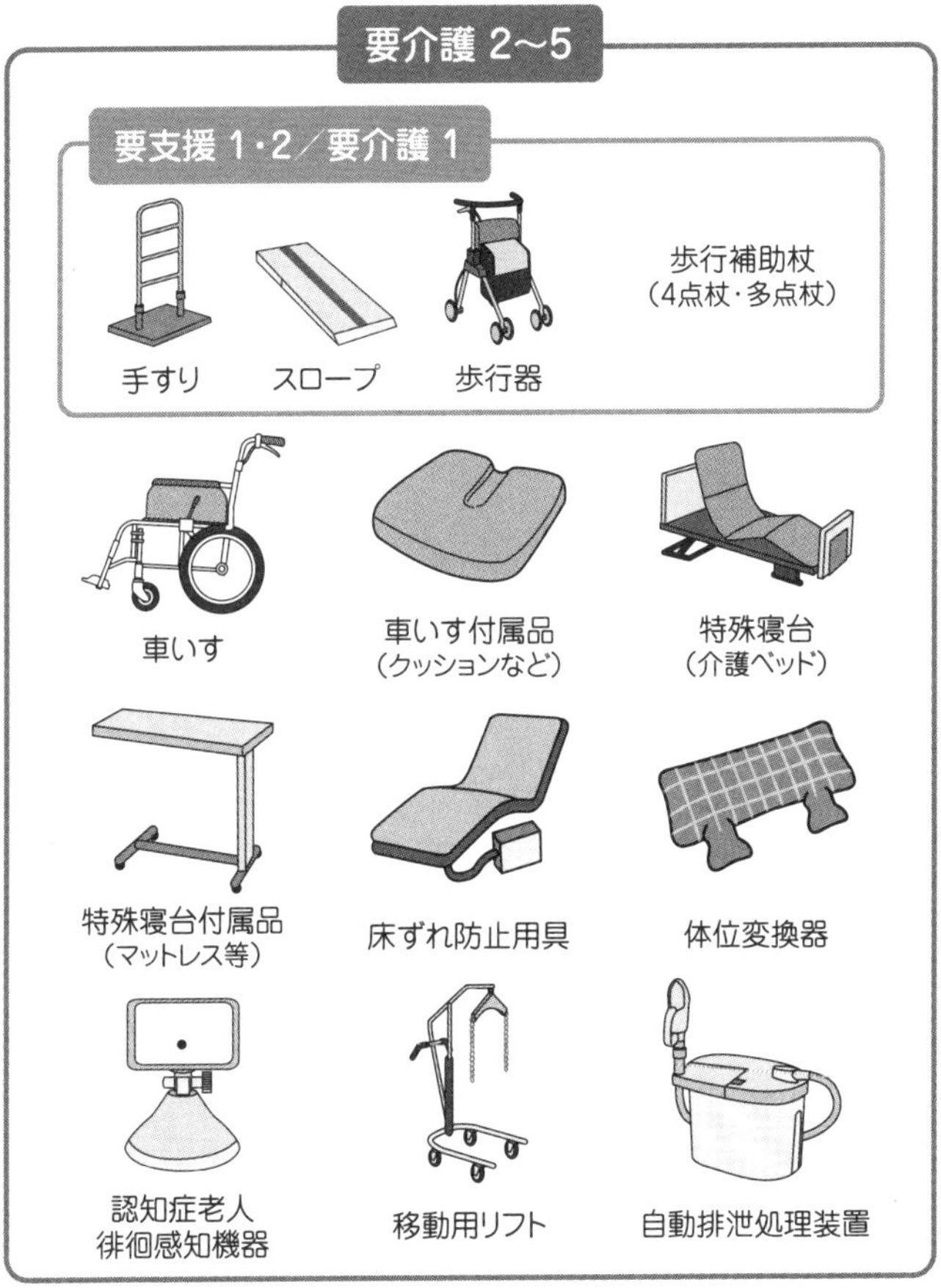

※自治体によって判断が異なる場合があります

購入の費用が助成される福祉用具もある

介護保険で借りられる福祉用具があることを前項で書きましたが、ほかの人が使用した後で再利用することに抵抗を感じる品目もあります。具体的には排泄に関するもの、入浴に関するものなどです。このような**レンタルになじまない福祉用具を1〜3割の負担で購入できるのが「特定福祉用具販売」**です。特定福祉用具販売は1年度につき10万円を上限額として1〜3割の負担で購入することができます。

私の祖母は自力で入浴することができず、専用の浴槽を使って看護師などが入浴の介助をしてくれる「訪問入浴」のサービスを利用していましたが、毎日利用することができなかったため、「シャワーチェア」と呼ばれる入浴用車いすを介護保険で購入しました。ベッドからシャワーチェアに移乗し、そのまま浴室でシャワーを浴びることができ、夏場汗をかきやすい時期などはとくに役に立ちました。

ひとり暮らしで入浴が困難になった場合でも、シャワーチェアのような福祉用具があれば、看護師やヘルパーの介助でシャワーを浴びることも可能になります。

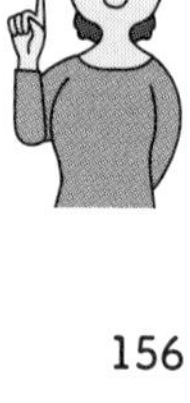

特定福祉用具販売

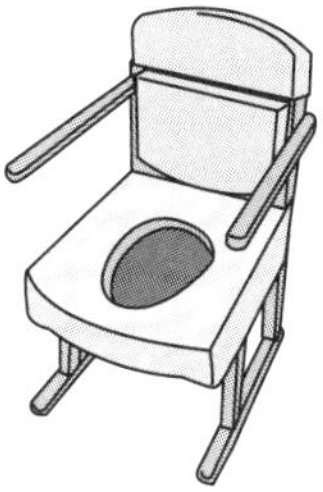

腰掛便座

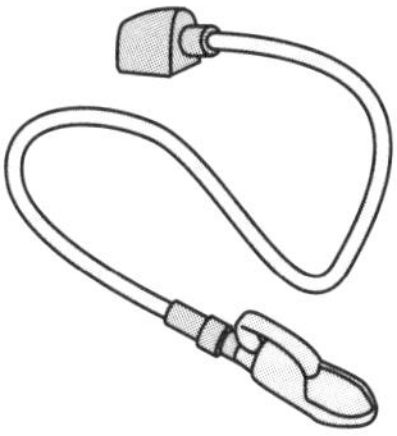

自動排泄処理装置の
交換可能部品

排泄予測支援機器

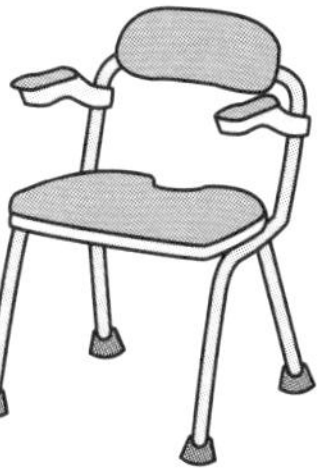

入浴補助用具

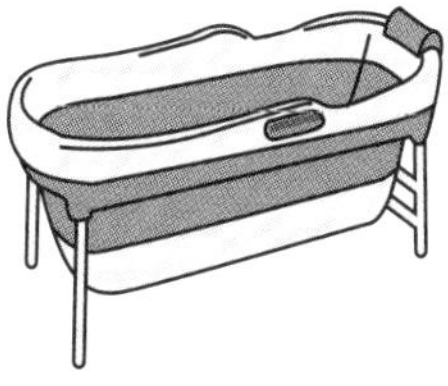

簡易浴槽

移動用リフトの
つり具部分

慣れない改修工事がトラブルを招くことも

年をとってもひとりで安心して暮らし続けるために手すりの設置や、段差を解消する工事の必要性を感じている方もいるかもしれませんが、「高齢になってきたから」という漠然とした理由でおこなうことはあまりおすすめしません。**「一般的に」必要だとされる改修工事が将来的に「自分にとって」必要かはわからない**からです。

「狭い浴室に手すりを設置したが、入浴中にたびたび体をぶつけてしまい困っている」といった声を耳にしたこともあります。「バリアフリー住宅(※1)」を謳《うた》った賃貸物件や介護施設もありますが、「長年使ってきた収納棚と違うので手を挟んでしまった」と打ち明ける入居者もいました。**出入りのバリアになりそうな上がり框《かまち》があっても足を上げる動作をすることが介護予防(※2)につながったり、リハビリテーションになるという考え方もあります。**

私の祖母が、ベッドからシャワーチェアに乗って浴室に移動することとなり、脱衣所に入るドアの幅が狭く改修工事を検討したことがありましたが、小型のシャワーチェアを見つけることができたので結果的に工事はおこなわずにすみました。

バリアフリー住宅の落とし穴

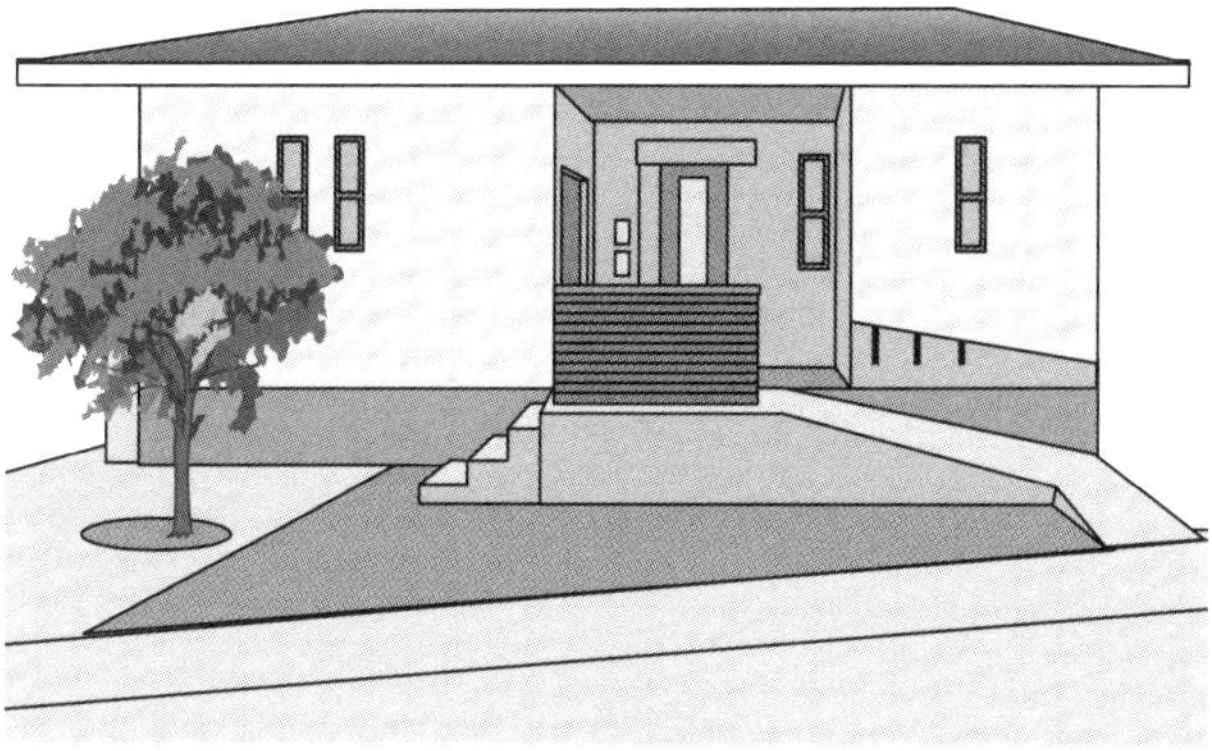

多少のバリアが介護予防につながることも…

※1 「バリアフリー住宅」の明確な定義はないが、一般的には高齢者や障害者が暮らすうえで支障となる、段差などの「バリア(=障壁)」をできるだけ取り除き、生活しやすいような設備やシステムを整えた住宅を指す

※2 介護予防
介護が必要な状態になるのを防ぐこと、またすでに介護が必要であってもその状態がさらに悪化しないようにすることを指す

独居の場合は、ときに命に関わる「温度のバリアフリー」

手すりの設置や段差の解消など、住まいのバリアフリーについてはよく知られていますが、温度のバリアフリーについてご存じない人は多いかもしれません。**急激な温度の変化が体に与える衝撃のことを「ヒートショック」**といいます。例えば、居室から浴室へと移動する場合、体には以下のような影響があります。居間（血圧は安定）↓寒い脱衣所（血管が縮み血圧は上昇）↓さらに寒い浴室（血圧はさらに上昇）↓浴槽で湯に浸かる（血管が広がり、血圧は下降）↓入浴を終えて寒い脱衣所へ（血圧は上昇）↓服を着て居間へ（血圧は下降）。高齢になると、このように**心臓や血管に大きな負担がかかると脳卒中や心筋梗塞の引き金に**なることも。とくに**冬場は65歳以上の高齢者の死亡事故が多発し**ているのです。

脱衣所に小型のヒーターを置く、風呂のフタをせずに湯をわかす、などは寒暖差の対策になります。とくにひとり暮らしの場合は入浴中の事故は命取りになりかねません。温度のバリアフリーには十分に配慮したいものです。

温度差による血圧への影響

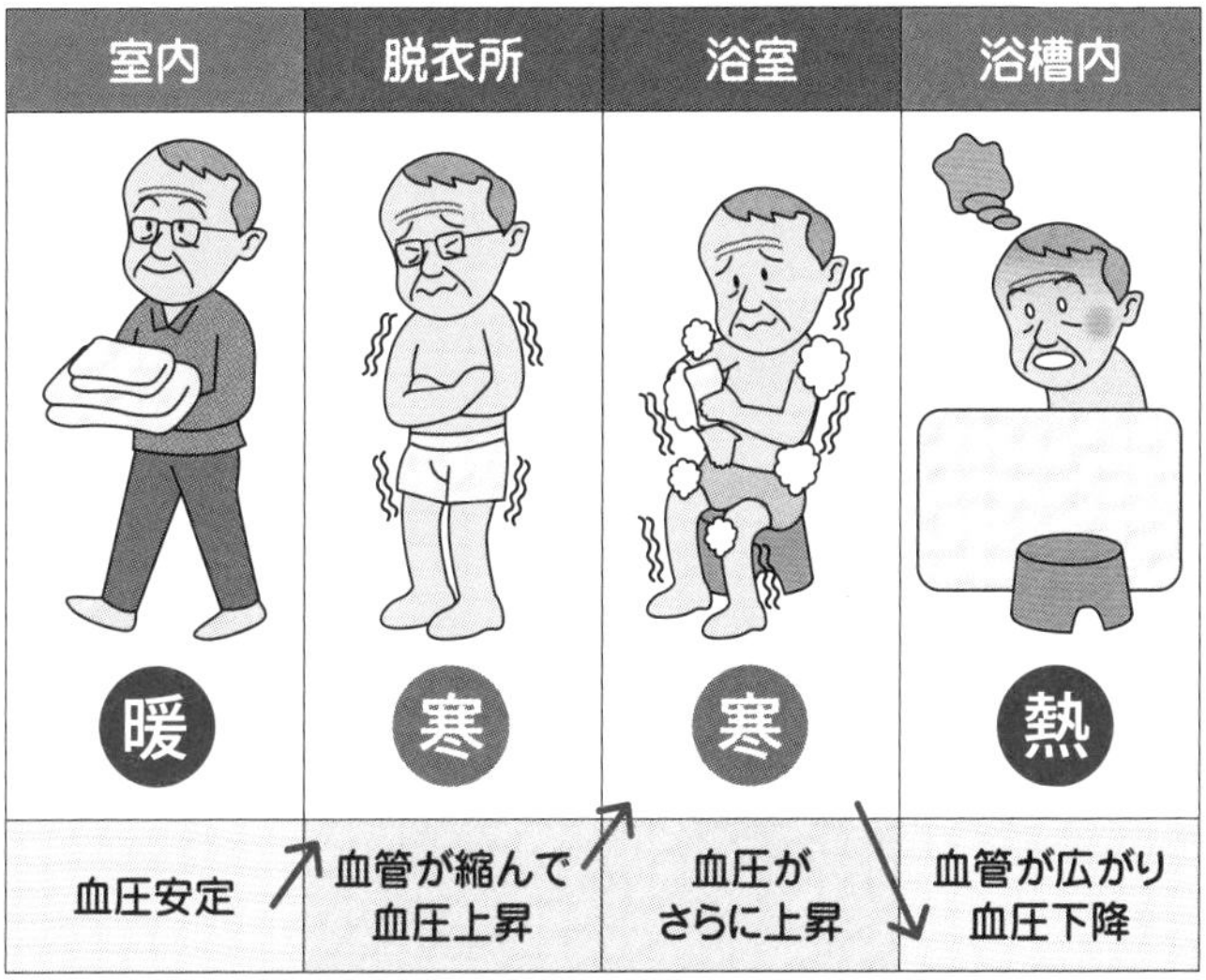

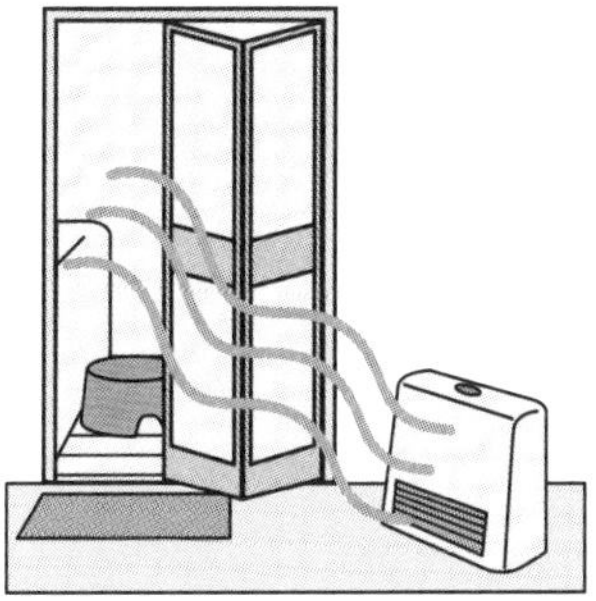

入浴前に脱衣所や浴室を暖めましょう

介護が必要になったときの寝室の工夫

ひとり暮らしで介護が必要な状態となった場合でも、訪問介護や訪問看護のサービスなどを利用することで生活できます。

私が祖母を介護をしていたときには、介護保険で**介護用ベッド**、**褥瘡《じょくそう》を予防するマットレス**をレンタルしてとても役立ちました。ベッドの上で清拭《せいしき》や着替えなどの介助を受けることになるため、できればベッドの両側は人が動ける程度の空間があると望ましいでしょう。**キャスター付きのキャビネットやワゴン**に介助に必要な物を収納しておくと、必要に応じて動かせたり空間を確保できます。また持ち運びができるスタンドライトも便利です。トイレまでの移動が難しい場合には、**家具調のポータブルトイレ**もあります。排泄の介助が必要な場合は定期的に窓を開けて換気をおこないます。こまめな換気が難しい場合には**空気清浄機**を設置しておきましょう。

またハーブや炭などは消臭効果もあり、小物として部屋に飾ってもよいでしょう。最近はおむつなどの**においがもれないダストボックス**も販売されています。

理想的なベッドまわりの環境

- ベッドの両側は人が動ける程度の空間があると望ましい
- ヘルパーや看護師が使うタオルや排泄用品などは、キャスター付きのキャビネットやワゴンに収納すると便利。使用するときは近くに移動し、使用しないときは別の場所に動かせる
- 持ち運びができるスタンドライトや挟んで設置できるクリップライトはベッド上で読書をする際にも役立つ
- 定期的に窓を開けて換気をおこなう。こまめな換気が難しい場合には空気清浄機などを設置する
- 排泄の介助が必要になったら、においがもれないダストボックスを使うのもよい。デザイン性の高い製品もある

高齢になってから住まいを変えると心身への思わぬ影響が…

これまでテレビや雑誌で介護に関する多くの質問にコメントしてきました。そのなかに「地方に住む親を我が家に呼び寄せたほうがよいか」という、いわゆる呼び寄せ介護について聞かれたことがあります。それぞれの事情がありますので一概《いちがい》にはいえませんが、住み慣れた地域から馴染みのない場所に移動し、環境が変わることでストレスがかかり、心身に弊害が生じることがあります。

このことを**「リロケーションダメージ」**といいます。とくに高齢者に症状が出やすく、認知症の方の場合は不安や混乱から症状悪化の引き金になるリスクもあります。

ひとり暮らしの場合、「身軽で引っ越しやすい」という利点がある反面、近所に顔なじみや声をかけ合うことのできる人がいる場合には、そのつながりを断ち切ってしまうのは惜しい気がします。ひとり暮らしでリロケーションダメージを減らすためには、**心身が元気なうちに転居を決める、現在の生活習慣を大幅に変えなくてもいい場所を選ぶ**といった点に留意するとよいでしょう。

リフォームで起きる困った事例

認知症の症状が進んでも居心地よく暮らせるようにと、その人が入院中に家族がよかれと思って部屋のリフォームをおこなったところ、退院後、「ここは自宅ではない」と混乱したケースもあります

災害の対策は簡単にできることから始めたい

先日防災センターにいく機会があり、地震や風水害、消火、煙避難の体験をしてきました。災害の恐怖を体感し、穏やかな日常のなかで意識が希《き》薄《はく》化《か》しがちな防災の大切さを再認識させられました。防災についての情報は枚挙にいとまがありませんが、とくにひとり暮らしの場合は、空いた時間に簡単にできることから始めてみませんか。

例えば、化粧ポーチならぬ「**災害ポーチ**」。ウェットティッシュやモバイルバッテリーなど最低限必要な物をポーチに入れておくのです。ポーチならさっと持ち出すこともできますし、旅行などの際にも持ち歩くことができます。

家のなかの対策としては**家具転倒器具**を取り付けたり、飛散したガラスの破片などで歩けなくなることも想定し**スリッパ**や**軍手**を用意しておくと無難です。火災の対策として**消火器**や**火災報知器**は備えていますか？　災害の対策を通して自分が住んでいる地域の情報を知ることもできます。自宅近くにある**避難場所**や**地域のハザードマップ**（災害の危険度を地図上に表したもの）を確認しておくと安心でしょう。

災害対策度チェック

1 家の安全性

- ☑ 自宅の耐震性は問題ない
- ☑ 家具の転倒防止対策をしている
- ☑ ガラスの飛散防止対策をしている

2 備蓄

- ☑ 3日分以上の水や食料を備蓄している
- ☑ トイレパックを備蓄している
- ☑ 非常持出品を用意している

3 地域の取り組み

- ☑ 隣近所とコミュニケーションをとっている
- ☑ 自治会・町内会の活動に参加している
- ☑ 自治会・町内会のリーダーを知っている
- ☑ 防災訓練に参加している

4 火災の対策

- ☑ 消火器を備えている
- ☑ 訓練で消火器を使用したことがある
- ☑ 暖房器具は倒れると自動的に消えるものを使っている
- ☑ カーテンなどは、防炎処理したものを使っている
- ☑ 自宅に火災報知器を設置している

5 いざというときに備えたさまざまな取り組み

- ☑ 災害時の情報の取り方を確認した
- ☑ 帰宅困難時の対応を確認した
- ☑ 津波からの避難のポイントを確認した
- ☑ 各種マップで自宅の周りを確認した
- ☑ 救急法を確認した

自然との関わりが人にもたらす「偉大な効用」とは（ワンポイント・アドバイス）

以前、東北のグループホームを取材したとき、そこで暮らす認知症の女性がホームの前の農園で大根を掘る作業をしていました。とびきりの笑顔で楽しそうに作業をしていたので職員に彼女のことをたずねると、ホームで暮らす前は農業を営んでいたとのこと。彼女にとって土に触れることはかつての日常だったのです。

自然の中に身を置くことは、五感を刺激する効果があります。鮮やかな花の色に季節の移ろいを感じ、鳥の鳴き声に耳を澄ませたり、花や葉の香りに癒されます。**認知症の進行を穏やかにする効果があるとして、グループホームや介護施設に庭や菜園を設けるところも増えているようです。**近所の方が庭の手入れを手伝いにくるグループホームもあり、ここでは入居者と地域の方が庭で「芋煮会」を楽しんだりしていました。

私も自宅の庭でハーブや果物、野菜を育て、収穫したものを料理に取り入れたり、休日にはバードウォッチングに出かけることもあります。

最近はベランダで植物や果物を育てるベランダ菜園も手軽にできるとあって人気のようです。あなたも生活のなかに緑を取り入れてみませんか？

Part6

おだやかに最期を迎えるための備え

人生の最終段階にどんな医療を望みますか？

日本と違い、オランダは安楽死が認められている国です。オランダで安楽死を望む人やその家族に対する情報提供などをおこなってきた大規模な市民団体・NVVE（オランダ自発的生命の終結協会）の方にインタビューしたことがあり、厳格なルールをクリアしなければ安楽死の実行はできないと知りました。インタビューでは「元気なうちに自らの死についてビデオメッセージなどで残しておくとよいのでは」という話も伺いました。

自分の意志を表明するための記録の形式として「**リビングウィル**」があります。これは終末期の段階で、延命治療やケアを受けるか受けないかなどの記述をするものです。

一方、「**エンディングノート**」は家族に伝えておきたいこと、財産、葬儀に関することなどをまとめるものです。ただしリビングウィルが示されることで柔軟な対応ができないといった指摘もあります。正直なところ、私自身はまだ死について考えたくないという思いがありますが、考えることを避けるのではなく、**向き合うことで恐怖感や不安感が軽減でき、自分の思いが整理できる**ように感じています。

終末期に望む医療を考えておく

延命措置とは

回復が見込めないと判断されている状態で、生きる期間を延ばすことを目的とする措置の総称です。

〔例えば〕

- **心肺蘇生（心臓マッサージ、電気ショックなど）**
- **人工呼吸器の装着**
- **胃ろう、経鼻栄養、点滴による水分・栄養管理**　等

※回復が見込める状態で施された場合は、延命措置にはなりません。

緩和医療とは

　がんなどの病気による身体的な痛みや、精神的な苦痛を和らげるための治療の総称です。

私のリビングウィル

人生の最終段階における医療について
現在の医療水準では死が避けられない状態となった時において

- 延命措置を受けたいと思いますか
  □ はい　・　□ いいえ
- 緩和医療を受けたいと思いますか
  □ はい　・　□ いいえ

※私はリビングウィルを作成しており、原本は
〔　　　　　　　　　　　　　　　〕に保管してあります。

年　　月　　日（自署　　　　　　　　　　）

ひとりでも、孤独を感じずに亡くなる人はいる

長年にわたり、介護の現場を見てきたなかで、家族と同居していても「孤独」な人はいることを感じてきました。例えば、デイサービスの利用者の送迎でも、家族が玄関先まで出てきて利用者を送り出し、迎え入れるケースもあれば、まったく姿を見せないケースもあります。家族が姿を見せないケースのなかには、ずっと同じ服を着ていた人もおり、家族がその利用者に関心を向けていないことがうかがえました。

近年、「孤独死」「孤立死」ということが社会で問題視されています。「孤独死」は他者との交流がありながら自宅で病気などによりひとりで亡くなったケース、「孤立死」は社会や地域とは関わりがなく、自宅で誰にも看取られず、長期間放置されていたケースのことを指すようです。**亡くなる瞬間に他者と関わっていなくても、ひとりの暮らしを楽しみ、自分と向き合う時間を大切に豊かに過ごしてきたのなら、その人にとっては幸福であったといえる**のではないでしょうか。ただ遺体が腐敗することを考えると、長期間放置される事態は避けたいもの。万が一のための安否確認の利用は検討しておきたいものです。

東京23区内のひとり暮らしの死亡者数

（65歳以上）

2009年 2194人 ➡ 2018年 3882人 約2倍に増加！

参考：内閣府「令和3年版 高齢社会白書」

孤独死の男女比

男性 **83.1**％、女性 **16.9**％　死亡時の平均年齢 **61**歳

参考：一般社団法人日本少額短期保険協会「孤独死現状レポート」（2021年）

近所づきあいの程度

（60歳以上対象、高齢者の住宅と生活環境に関する調査結果、男女別・年齢階層別）（2018年）

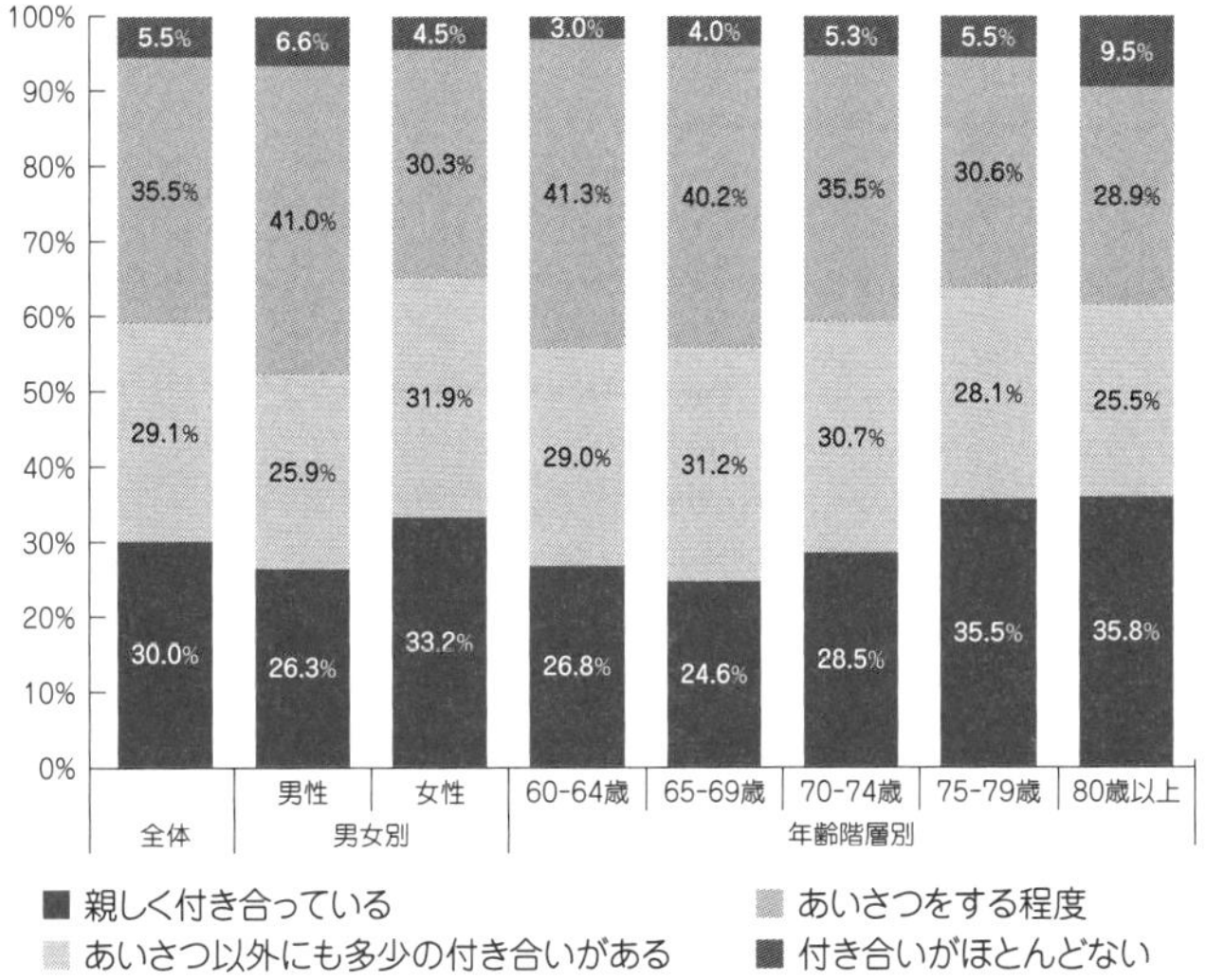

参考：内閣府「高齢社会対策に関する調査」

人や社会との関わりは死亡リスクと無関係ではないけれど…

地域の仲間と高齢者を対象にした「よろず相談サロン」を開いています。スタッフがスマートフォンに関する困りごとに対応することをメインとしていますが、地域の交流になればとの思いがあります。

東京都健康長寿医療センターの調査では、同居家族以外との交流頻度が週1回未満で、かつ、外出する頻度が2〜3日に1回程度以下の**閉じこもり傾向にある高齢者では、閉じこもり傾向のない高齢者に比べて6年後の死亡率が2・2倍高くなる**ことが発表されました。家にいるときひとりで亡くなった場合でも、人や社会とのつながりがあると発見が早くなる可能性があります。

一方、洋画家だった祖母は家に閉じこもって制作をすることが多かったのですが、充実した日々を過ごしていました。自分が「何に重きを置くか」は人によって違います。

たとえ閉じこもりがちであっても、自分の価値観や信念に沿って生活しているのであれば悔いはないのではないでしょうか。

高齢期の6年間閉じこもり状態の生存曲線

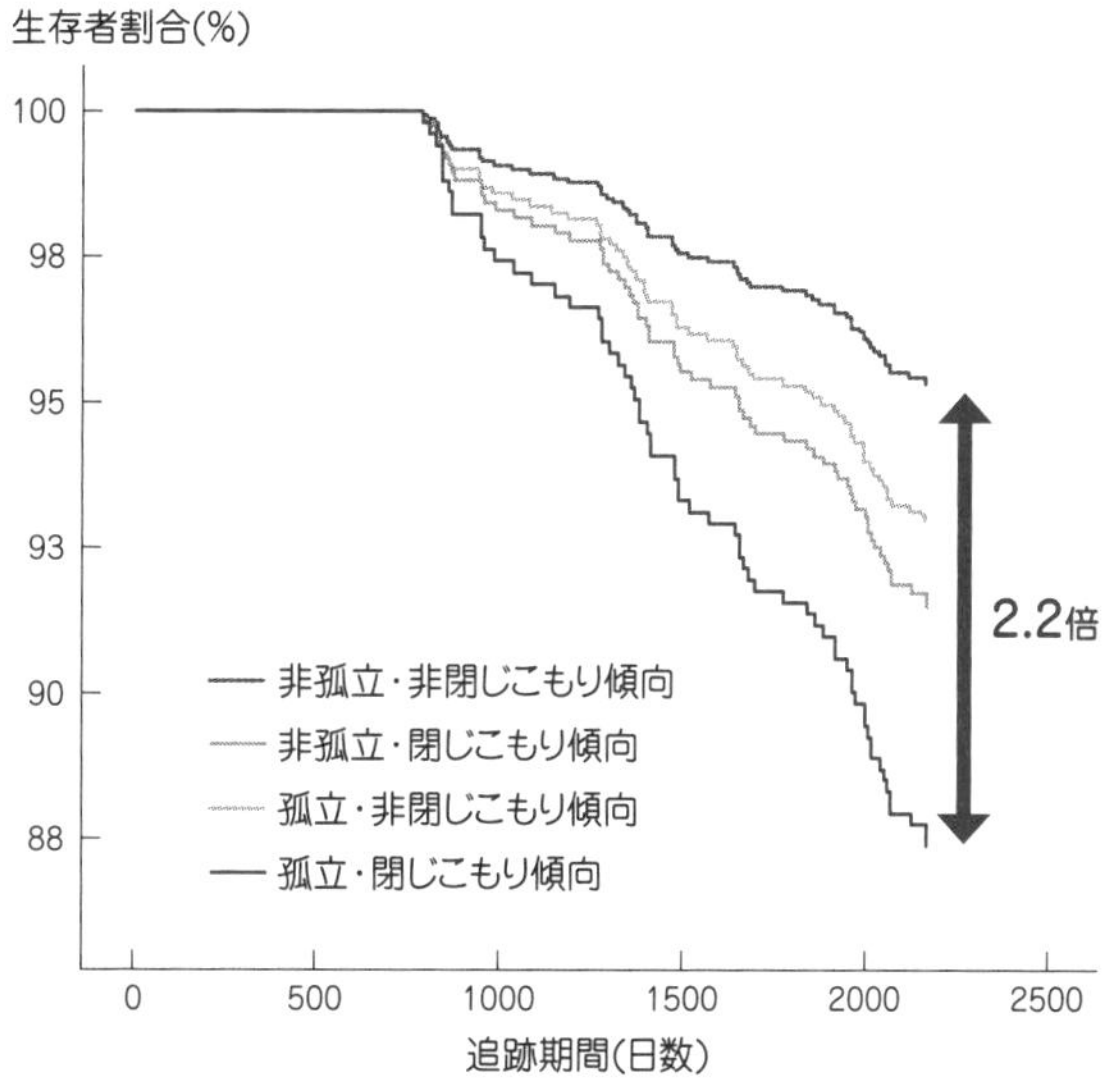

参考：東京都健康長寿医療センター調査

「ひとり暮らしの寂しさ」につけ入られる隙を与えない

ひとり暮らしの人は「今日は誰とも話しをしなかった」という日が意外とあるのではないでしょうか。「誰かと話しがしたい」と感じているときに、ふと電話が鳴って親切な言葉をかけられたら、会ったことがない相手でもつい気が緩んでしまうのかもしれません。詐欺師にとって、このような人はターゲットになりやすいのです。私の周囲でも被害に遭ったという話をこれまで何度か耳にしています。

2022年の特殊詐欺の件数は1万7520件で、被害額はおよそ361億円と、前年に比べて件数も被害額も増加。特殊詐欺とは被害者に電話をかけるなどして対面することなく信頼させ、振り込みなどの方法で現金などをだまし取る犯罪のことです。

「詐欺に遭わないためには周囲のサポートが必要」という言葉を聞きますが、つねに誰かが見張ってくれるわけではないので、**詐欺師につけ入る隙を与えない自己防衛策を講じましょう。最近は詐欺防止の機能がついた電話機もあります。**自宅にいても留守番電話にし、知っている相手かどうか判断したうえで受話器を取るようにするのも一案です。

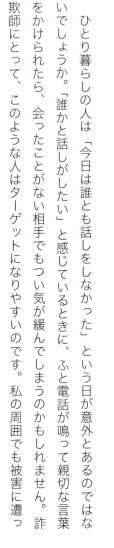

時代とともに変化している60〜70代の勧誘トラブル

近年、全国の消費生活センターなどに寄せられるトラブルの報告で、とくに60歳以上の人からの相談内容に変化が起きているようです。以前多かった「劇場型勧誘」（複数の事業者を演じ分け、実体不明の金融商品などを買わせる）が減り、アダルトサイト等のデジタルコンテンツや、光ファイバー、携帯電話サービスなどの情報通信関連の相談が増加しています。とくに60代でこの傾向が顕著だとか。インターネットでゲームやショッピングを楽しむ、いわゆる「アクティブシニア」の増加が背景にあるようです。

一方、80歳以上では依然として電話勧誘や訪問販売の相談が多いといいます。前述のとおり、過去に認知症の姉妹が約4800万円の被害に遭ったリフォーム詐欺事件を取材しましたが、判断力が不十分な状態での契約のトラブルも多いようです。

情報通信関連のトラブルに遭わないために

- ☑ わからないことがあれば安易に契約しない
- ☑「いまより安くなる」「いまより使いやすくなる」などの言葉に惑わされない
- ☑「キャッシュバックキャンペーン」などの文句に安易に踊らされない
- ☑ 有名な企業や公的機関の名前を使うなど、悪質な勧誘の手口を理解しておく
- ☑「まさか自分が詐欺に遭うわけがない」と驕《おご》らない

地域に知り合いがいなくて心細いと感じている人は…

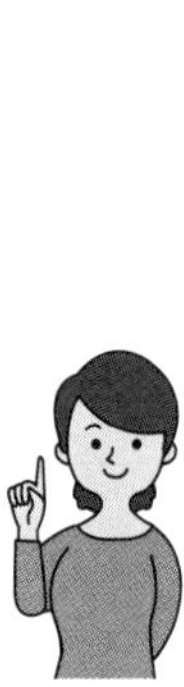

つつがなく暮らしているけれど、友人と会う機会は少なく、ご近所との関係もないことを、なんとなく心細いと感じている人は、お住まいの地域の「民生委員」と知り合いになっておくと、困ったときに頼りになるかもしれません。民生委員は厚生労働大臣から委嘱《いしょく》された非常勤の地方公務員で、住民の身近な相談相手です。支援を必要とする人がいたら、行政や専門機関につなぐパイプ役となります。今年で１００年以上の歴史を持つ制度で、ＮＨＫ大河ドラマの主人公となった渋沢栄一氏が創設に関わりました。

民生委員と聞くと「なんとなく近づきにくい」「何度も家にこられそう」と感じている方もいるかもしれませんが、**「いまのところ訪問していただく必要はありませんが、ひとり暮らしで近所に知り合いがいないので、万が一のときはお世話になるかもしれません」と一言伝えておけば気にかけてもらえるはず**です。前に述べましたが、私は最近まで民生委員をしており、任期中は民生委員同士での情報交換や研修を受講するなどしていました。お住まいの地域の民生委員を知りたい場合は、市区町村の窓口に問い合わせてみましょう。

民生委員は、どんなことをしているの?

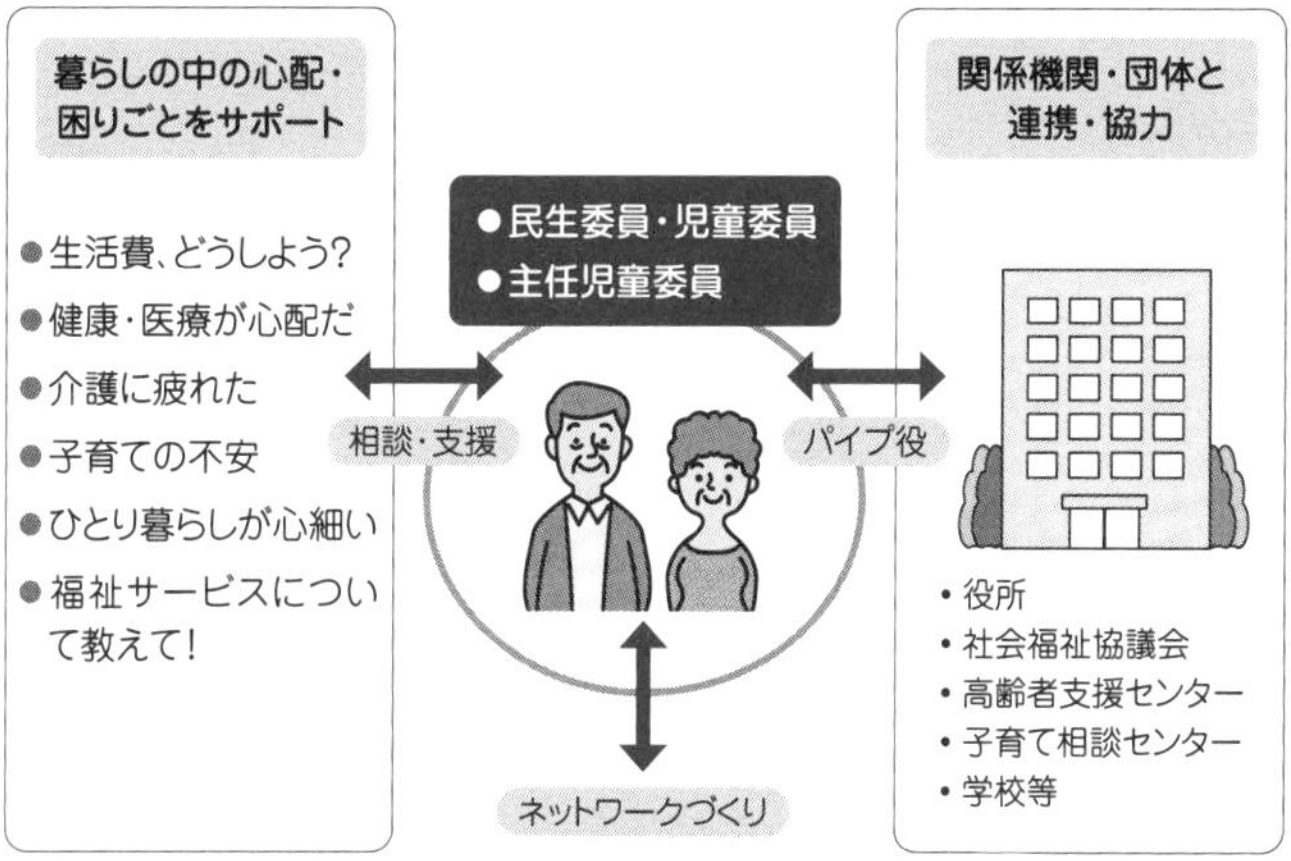

あなた自身が民生委員になる方法もあります

国は民生委員の年齢要件の基準を「75歳未満」としていますが、近年民生委員の高齢化が進んでいたり、地域の福祉の問題に関心を寄せなかったりする人たちが増えていてなり手がない担当区域もあります。任期は3年で、3年に一度一斉に改選となります。行政から委嘱されるボランティアですが、地域と関わり、人とのつながりを求める場合、あなた自身が民生委員になるという選択もあります

【こんな人は民生委員に向いているかも?!】

- ☑ 誰とでも分け隔てなく接することができる
- ☑ 自分が住んでいる地域に関心がある
- ☑ 人が嫌がることでも進んでできるタイプだ
- ☑ 明るく穏やかな性格
- ☑ 地域で知り合いや仲間をつくりたい

リストを作成しておくと後々困らない。財産と遺品を整理するポイント

10年以上取り引きがない口座が毎年１２００億円程度発生しているそうです。なかには口座があること自体を忘れているケースもあると思われます。**口座はできるだけまとめ、口座番号などを記載したリストを作成**しておくとよいでしょう。

また昨今、株や債券はインターネット上で取り引きされることが増えました。**ＩＤとパスワードもリストを作成しておく**と困りません。

親から相続した**不動産があれば相続登記をすませておきます。**相続登記とは不動産の名義を相続した人に変更することです。従来は相続登記をしなくても罰則はありませんでしたが、２０２４年４月からは義務化されます。また借地権も相続財産になります。

遺品を整理する際には預貯金や金品類を優先的に整理します。不用品は買取事業者に連絡をして換金したり、インターネットで販売する方法もありますが、その手配や準備で時間がとられることもあります。後回しにしていると結果的に物をためてしまうことにもなるので注意しましょう。

財産を整理する

まずは「お金に関するもの」を書き出してみる

- 現金・預貯金・有価証券
  （株券や国債など）
- 不動産
  （土地、建物、畑など）
- 動産
  （自動車、家財道具など）
- 収集品
  （宝石、貴金属、骨董品、衣類など）
- その他
  （債券、借地権、著作権、会員権など）
- マイナス財産
  （借金、未払い金など）

財産目録（相続財産の内容が一覧でわかるようにまとめたもの）を意識せずに書き出してみましょう

死んだ後の「やり残し」をなくすために やっておくべきこと

「死んだ後のことはどうでもいい」と思う人もいるかもしれませんが、死んだ後でも「自分がやり残してしまうこと」は発生します。

例えば、入院費用の精算、役所への死亡届の提出、親族や友人・知人への連絡、通夜や葬儀、納骨や埋葬の手配、運転免許証や健康保険証の返還、賃貸不動産の契約の解除や明け渡し、水道光熱費などの公共料金の支払いと解約手続き、携帯電話や電気・ガス、クレジットカードなどの解約・精算手続き、ペットの譲渡、ホームページやブログの閉鎖、SNSアカウントの削除、パソコンの内部情報の消去などがあります。自分の死後、上記のような手続きを依頼できる人がいない場合に役に立つのが「**死後事務委任契約**」です。

一方、「遺言書」とは、誰にどの財産をどれだけ相続させたいかを指定し、法的に効力を持たせるものです。死後事務委任契約、遺言書はいずれも弁護士、司法書士、行政書士などが相談に応じています。死後事務は広範囲に及ぶため、生前に自分でできることはすませて、身のまわりをシンプルにしておくとスムーズに進められるでしょう。

死後事務委任契約でできること

行政手続きに関すること

- 死亡届の提出
- 戸籍関係の手続き
- 年金などの資格抹消申請など

各種契約の解約・精算

- 民間保険の解約
- 公共料金の解約
- 健康保険の脱退、年金受給の停止など

葬儀・埋葬に関すること

- 葬儀会社への連絡・喪主の代行
- 参列者の手配
- 火葬から埋葬、納骨の手配など

そのほか

- 物の処分、家の片づけ
- デジタル遺品（故人が残したデジタル機器やデータ）の整理
- 残されたペットを託すなど

死後事務委任契約の大まかなながれ

代理人の選定

↓

契約のとり交わし

↓

公正証書の作成

↓

契約の実行

「もしもの時」のペットの預け先を考えておこう

「私は子どもと暮らすより、ワンちゃんと暮らすことを選んだの」。取材でお会いした80代のひとり暮らしの女性からそんな話を聞きました。ペットと散歩をすることは外出のきっかけにもなり、ご近所に住む方との交流もできるかもしれません。

以前、特別養護老人ホームで入居者と動物とのふれあい活動を取材したことがあります。このホームでは犬や猫を飼っており、ペットとふれあうことが入居者の癒しになっていました。最近ではペットとともに入居できる有料老人ホームもあります。

一方、飼い主とともにペットも高齢化します。私も祖母の介護とペットの介護が重なり苦労した時期がありました。自分が入院した場合などの対応も考えておくと安心です。

最近は**高齢犬や高齢猫を飼い主に代わって世話をする施設**も増えています。費用が高額のホームもあるので、**どのようなケアをしているのか事前に見学をすることをおすすめします**。また、自分の死後のペットの預け先について、親族や友人などがいない場合は「ペット信託」（※左ページ参照）の利用も視野に入れて検討するとよいでしょう。

自分が入院したときにペットのことで慌てないために

- ペットホテル、動物病院、友人宅など預けられるところを探しておく
- ペットの食べ物や性格などをメモして説明できるようにしておく
- 普段から食べているペットフードやお気に入りのものを預けるなどして、預け先に早く慣れる配慮をする
- ノミ・ダニ予防やワクチン接種などの対応をしておくと預け先も安心できる
- 犬や猫以外のペットの場合、対応が限られることもあるので確認しておく

ひとり暮らしとペットロス

「ペットロス」とはペットを亡くした飼い主が経験する悲しみのこと。そのダメージから精神的・身体的不調をきたすことを**「ペットロス症候群」**といい、**不眠、食欲不振、食欲過多、息苦しさ、疲労感、体の痛みといった症状が現れることも**。とくにひとり暮らしをしている人は、ペットとの交流時間が多く愛情が深いものになりペットロスに陥りやすい傾向があるといわれています

ペット信託とは

元気なうちにペットを引き取ってもらえる人（受託者）と契約を交わし、ペットの飼育料金を信託財産として預けるしくみで、自分の死後に信託財産とペットを引き渡します。ペット信託はその支出が契約で定められたペット飼育のためと明確であることに加え、受託監督人が監督するしくみもあります。一方、比較的歴史が浅いしくみのため今後起きうる問題点とその対応方法が整備されていないといったデメリットもあるようです。事前にその内容をしっかりと確認しておきましょう

家族の有無に関係なく入れる「共同墓」も新設されています

仕事仲間の女性4人で雑談をしていてお墓の話題に。「遺骨は海に散骨してほしいわ」とさばさばした表情で話す仲間の話に相槌《あいづち》を打ちながら、こういう話題で盛り上がる年齢になったのだなと思いました。

社会や家族のありようが変化するなかで、先祖代々のお墓に入るというかたちにこだわらない人が増えているように感じます。実際、寺院や教会、市民団体などでは子どもや家族の有無に関係なく、**血縁という関係性を超えた人たちで入る「共同墓」**を新設しています。共同墓は納骨した際に合葬(※)する、あるいは一定の期間が経過したら合葬するかたちがあるため、事前に確認しておくとよいでしょう。

最近は樹木型墓地も注目されています。一つの木の下に複数の人の遺骨を納めるかたちが多いようです。比較的安く設定されていますが、木が枯《か》れるリスクもあり、植え替えは契約内容によって異なるようです。さらに、掃除の手間や駅から近いというアクセス面を考慮して屋内の施設に納める納骨堂を希望する人も増えています。

お墓の種類

永代供養

費用を抑えやすい
供養・管理

樹木葬

樹木を墓標にする
一代限りの個人墓

納骨堂

室内にお墓を設置

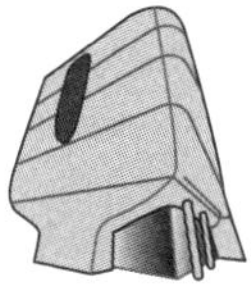

内部

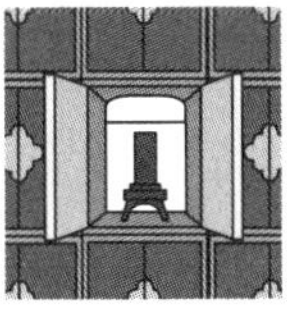

散骨

海などに遺骨を散布

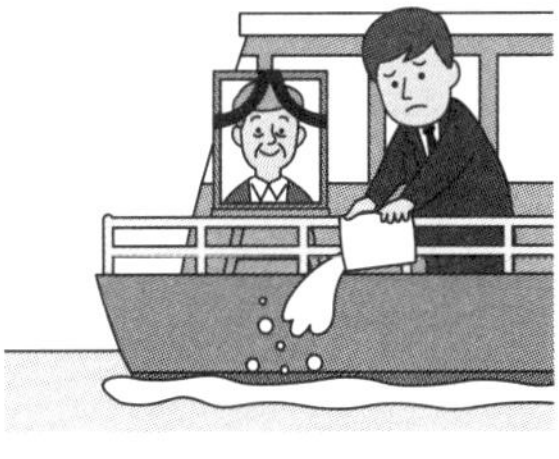

※合葬　他の人の骨壺と一緒に合同で供養されること

自分で自分を介護するためのセルフチェックシート30

◉各章のおもな内容を整理しました。本書の振り返りにご活用ください。

【Part1】

☑「介護」と「介助」の違いを理解している
☑介護保険で受けられるのは「お金」ではなく、サービスという「現物」
☑介護保険のサービスを利用するには要介護認定の「申請」が必要
☑要介護（要支援）の審査結果は「非該当」「要支援1・2」「要介護1〜5」に分けられる
☑「要介護」の人は介護支援専門員（ケアマネジャー）に介護サービスの相談を
☑ショートステイには「短期入所生活介護」と「短期入所療養介護」がある
☑各自治体ではひとり暮らしの人などに独自のサービスをおこなっている
☑「自助具」は食事や入浴など日常生活の不自由を補う
☑入浴ができないときは「清拭《せいしき》」やドライシャンプーが便利

【Part2】

☑「緊急通報サービス」には駆けつけ型やセンサー型などがある
☑入院や入所の際に利用する身元保証の代行事業者と契約する際には慎重に検討する
☑「訪問診療」と「往診」の違いを理解している
☑医療の処置が必要な患者が自宅で暮らす場合、「訪問看護師」のサポートが支えとなる
☑理学療法士（PT）などによるリハビリテーションは自宅でも受けられる

- ☑「居宅療養管理指導」では歯科医、薬剤師、管理栄養士らが自宅に出向いて指導をおこなう
- ☑一定の条件を満たせば介護職でも痰《たん》の吸引や経管栄養の処置ができる
- ☑移送サービスを利用することで車いすやストレッチャー（寝台車）でも外出ができる

【Part3】

- ☑認知症の「中核症状」と「BPSD（行動・心理症状）」を理解している
- ☑ひとり暮らしの人の安否確認を兼ねた配食サービスがある
- ☑AIアシスタントやネットワークカメラがもの忘れ対策に役立つこともある
- ☑日常的な金銭管理が難しくなってきたら「日常生活自立支援事業」を利用するのも一案

【Part4】

- ☑「フレイル」はどんな状態であるかを理解している
- ☑寝不足は認知症の一因になることが指摘されている
- ☑口のケアは認知機能の低下も防ぐ

【Part5】

- ☑高齢者の事故は屋外よりも屋内で起きやすく、「ころぶ」事故が最も多い
- ☑手すりの取り付けや段差の解消などの住宅改修も介護保険の対象である
- ☑福祉用具の貸与（レンタル）も介護保険の対象である
- ☑「ヒートショック」が死亡事故の原因になることもある

【Part6】

- ☑地域に知り合いがいない場合は民生委員が頼りになることもある
- ☑「遺言」と「死後事務委任契約」の違いを理解している

おわりに

多くの人が「自宅で最期を迎えたい」という希望を持ちながら、「実際は長期間自宅で療養を続けるのは難しい」と考える人が多いようです。同居する家族がいないひとり暮らしであれば、なおさらのことでしょう。

私は長年介護現場の取材を続けるなかで認知症や難病のＡＬＳ（筋《きん》萎《い》縮《しゅく》性《せい》側《そく》索《さく》硬《こう》化《か》症《しょう》）であったり、人工呼吸器などの医療機器を使いながらもひとり暮らしを貫き通してきた方々にお会いしてきました。

「そのような人たちは、自分とは違う」と思われる方もいるかもしれませんが、介護が必要になる前までは、一般的な社会生活を営んできた人たちばかりです。

あえて彼らの共通点を唯一挙げるとするならば、「自宅で最期まで暮らしたい」という明確な「意思」と、揺るがない「意志」をお持ちだったということでしょうか。

彼らが住む地域に熱意ある医療や介護スタッフ、ボランティアが存在していたという幸運もあったのかもしれませんが、それは幸運というより**本人の強い意志が周囲の人を巻き込んでいった結果**だと考えることもできます。

長年ひとり暮らしをしてきた人も、家族と同居してきて最終的にひとり暮らしになった人も、結果的にはひとりで最期を迎えます。**人生の最終段階をどこでどう過ごすのか。その回答は一人ひとり異なり、自分のこれまでの生き方や価値観も反映されます。**

私は精一杯祖母の在宅介護をおこなっていた時期がありましたが、本書を執筆しながら、自分自身の介護のあり方や死について考え、「毎日の生活」の大切さにも気づきました。

近い将来訪れるかもしれない介護や終末期の医療とどう向き合うのか。本書がそのことを考えるきっかけになれば幸いです。

小山朝子　こやま・あさこ

東京都生まれ。小学生時代は「ヤングケアラー」で、20代からは洋画家の祖母を約10年にわたり在宅で介護。この経験を契機に「介護ジャーナリスト」として活動を展開。介護現場を取材するほか、介護福祉士の資格も有する。ケアラー、ジャーナリスト、介護職の視点から執筆や講演を精力的に行い、介護ジャーナリストの草分け的存在に。ラジオのパーソナリティーやテレビなどの各種メディアでコメントするなど多方面で活躍。著書『介護というお仕事』（講談社）が2017年度「厚生労働省社会保障審議会推薦 児童福祉文化財」に選ばれた。日本在宅ホスピス協会役員、日本在宅ケアアライアンス食支援事業委員、東京都福祉サービス第三者評価認証評価者、All About「介護福祉士ガイド」も務める。
Facebookページ
https://www.facebook.com/profile.php?id=100066700181679

ひとり暮らしでも大丈夫！
自分で自分の介護をする本

二〇二三年 八 月三〇日　初版発行
二〇二四年 一 月三〇日　6刷発行

著　者――小山朝子
企画・編集――株式会社夢の設計社
郵便番号一六二－〇〇四一　東京都新宿区早稲田鶴巻町五四三
電話（〇三）三二六七－七八五一（編集）
発行者――小野寺優
発行所――株式会社河出書房新社
郵便番号一六二－八五四四　東京都新宿区東五軒町二－一三
電話（〇三）三四〇四－一二〇一（営業）
https://www.kawade.co.jp/
DTP――アルファヴィル
印刷・製本――中央精版印刷株式会社
Printed in Japan ISBN978-4-309-29324-0
落丁本・乱丁本はお取り替えいたします。
本書のコピー、スキャン、デジタル化等の無断複製は著作権法上での例外を除き禁じられています。本書を代行業者等の第三者に依頼してスキャンやデジタル化することは、いかなる場合も著作権法違反となります。
なお、本書についてのお問い合わせは、夢の設計社までお願いいたします。